档案管理与信息化应用

李 斌 李双林 李闪闪◎著

吉林文史出版社

图书在版编目（CIP）数据

档案管理与信息化应用 / 李斌，李双林，李闪闪著
. -- 长春 : 吉林文史出版社，2022.3
ISBN 978-7-5472-8457-5

Ⅰ. ①档… Ⅱ. ①李… ②李… ③李… Ⅲ. ①档案管理—信息化—研究 Ⅳ. ①G270.7

中国版本图书馆CIP数据核字(2022)第037017号

DANGAN GUANLI YU XINXIHUA YINGYONG

书　　名 档案管理与信息化应用
作　　者 李　斌　李双林　李闪闪
责任编辑 陈　昊
出版发行 吉林文史出版社有限责任公司
地　　址 长春市福祉大路 5788 号
印　　刷 三河市金兆印刷装订有限公司
开　　本 185mm×260mm　1/16
印　　张 11
字　　数 246千字
版　　次 2023年 7 月第 1 版　2024年 7 月第 2 次印刷
定　　价 48.00 元
I S B N 978-7-5472-8457-5

前言

档案是历史的真实记录，通过档案我们可以了解过去、把握现在、计划未来。在我国的社会发展实践中，档案能够为人们的生活与工作提供重要的信息资源，也能够为维护广大人民的合法权益提供有效的支持。因此，应重视发展档案事业，做好档案管理工作。档案管理工作是借助科学的理论和方法管理档案，为企事业单位、社会组织和个人提供档案服务的工作。做好档案管理工作，可以确保档案资料的准确、齐全、安全和及时更新，也可以不断提高档案对社会需求的满足程度，还可以为建设中国特色社会主义事业提供必要的证据和信息保障。

信息化是当今世界发展的大趋势，是推动经济社会变革的主要力量，大力推进档案信息化，是档案事业适应时代和社会发展的必由之路，更是提高档案管理能力和档案信息服务水平的必然选择。信息技术发展呈蓬勃、增速的态势，由技术创新驱动的档案信息化无论从理论、实践、技术还是方法来说，都是一个与时俱进的领域。因此，我们应在理论和实践的互动发展中不断更新、深化、丰富和完善档案信息化建设理论体系。本书力图对档案管理的现状进行客观深入的阐述，分析档案管理在信息化大环境下的发展机遇和前景，为今后更好地进行档案管理工作打下良好的基础。

在本书的策划和编写过程中，曾参阅了大量国内外有关的文献和资料，从其中得到启示，在此向相关作者致以衷心的感谢！由于档案管理与信息化应用发展非常快，作者学识水平和时间所限，书中难免存在缺点和谬误，敬请同行专家及读者指正，以便进一步完善提高。

作者

2021 年 5 月

目录

第一章 档案管理综述

第一节 档案的概述

一、档案的起源

档案起源是个复杂的问题，其基本点是社会需要与技术条件。社会需要与社会发展水平有关，当生产力水平达到一定程度时，人类的经验积累和社会管理都需要书面材料的帮助。于是，书面记录的社会需要产生了。

档案的出现，开启了人类的文明时代。

（一）我国档案起源诸说

由于学者们认识角度的不同，因此，对档案起源问题产生了不同的认识。基本观点主要有阶段论和过程论两种。

在讨论档案起源问题的早期，人们多持阶段论的观点，即将档案的起源确定在人类社会发展的某一阶段——原始社会晚期（“原始社会说”）或国家产生之后（“阶级社会说”）。过程论的观点认为，档案的起源是一个发生、发展、成熟的渐进过程。

1. 原始社会说

这种观点认为，以原始记事方法形成的记录就是档案，如结绳、编贝、结珠、刻契、图画等。

2. 阶级社会说

这种观点认为，档案是阶级社会的产物，如结绳、刻契都是档案的前身。档案是在有了阶级、文字、国家之后产生的。

3. 档案起源过程说

档案起源过程说的基本观点是：档案起源是一个过程，所谓各种观点之间的矛盾只是在于人们看问题的角度（判断标准）不同，并因此导致在这一起源过程中确定的时间段有所差异。不同的判断标准导致不同起源时间点的选择，如果把各种观点中所提出的“阶段点”串起来，就成为一条线，串出一个完整的过程。

（二）档案起源的基本过程

关于一个事物的起源，由于判断标准的不同，结论也不相同。根据不同的判断标准，我们可以在事物产生的过程连线上找出不同的关键点。把这些关键点连起来，我们才能对事物的起源有一个完整的认识。

在探讨档案的起源时，我们也应以这种观点，从不同角度和需要出发，把档案的起源看作是一个过程，并按照各个角度，确认在这个过程中各个关键点的意义。这样，我们对档案起源问题的认识才比较完整、全面、准确。

1. 物件指事的起源

原始社会后期，为了把信息保留到异时和传达到异地，人们曾尝试过结绳、结珠、编贝和积石甚至掘地穴等极其原始的以实物来帮助记事的方法。本质上讲，它们主要是一种助记符号。它们本身不具有间接的记事功能，但其记事（助记）意识是清晰的、确定的。因此，我们可以将其作为人类档案意识的起源和符号记事的萌芽。有了这种人类意识，并通过记事符号的发展，才会有后来档案实物的出现。

2. 图画记事——零星特种档案的产生

图画记事，就是人们使用壁画、雕刻等方法描绘出自己对于外界的认识，它反映实践活动，记录和表达自己的物质生活和精神世界。这种具有记事功能的记事图画日趋简化，逐渐成为约定性的即表达某种固定意义的图画，在一定程度上具备了交流工具的性质，主要服务于生产和生活，是对现实世界的一种符号记录和摹写。这些记事图画使用象征性图形来表达抽象概念，图形与意义之间逐渐地形成固定的联系。

当然，这种表达具有很大的局限性，是非系统的简单的表达方式。因此，一方面，它不可能导致具有普遍意义的、表达内容丰富的记事档案出现；另一方面，由于它可以表达简单意义，所以，它导致了个案性记事档案的出现，如地图档案。许多没有文字的原始民族都有地图档案，并且由地位颇高的专人来负责保管。

3. 书写的起源——刻契

档案记录与书写形式有密切的关系，因此，档案的起源过程不能不涉及书写的起源。书写能力的提高，是产生大量档案的前提。

刻契，或称契刻，就是在木头、竹片、石块、泥版等物体上用石器、骨器等来刻画各种符号和标志，用以表示一定的意义。石器、骨器在这里被作为一种书写工具使用。刻契不但是书写的起源，还大大促进了记录符号的发展。随着人们传递和记载信息的复杂程度的加深，刻契符号最终与图画一起进化到文字。

以上三个阶段，总体上属于档案的萌芽期，尽管此时的人类已经会使用简单的工具，但是这一时期尚未出现可方便用于书写的物质载体和清晰、确定的符号系统，所以，仍未产生真正的档案。

4. 文字的产生——具有普遍意义的档案的起源

很少有人否定文字出现与档案起源的一致性关系。但是，这是一种什么意义上的一致性关系呢？文字的出现使档案作为一种社会事物具有完整性和一定范围的普遍性。它应该是具有普遍性、完整性的档案起源的标志，人类也因为这种具有普遍性、完整性的原始性书面符号记录的产生而进入文明时代。

作为一种成体系的书写符号，文字的本质在于它是记录、传递信息的书面符号系统。实质上，任何文字的造字过程都是尽量满足记录语言需要的过程。文字的发展历史就是记录语言的方式不断进化的过程。

5. 管理要素的完备

档案是人们有意识地保存起来的原始性书面符号记录，所以，真正的具有社会意义的档案必须具备基本的管理要素。在我国，甲骨档案已具有完整的管理学意义，它有库房、排架规则和专门的保管者，它和一种社会工作——档案工作相连接。因此，它是具有完备社会性意义的原始档案。

6. 统一名词的产生

在认识意义上，档案作为一种普遍存在的社会性事物，在其出现后的相当长的时间里，并没有被人们从整体上清晰认识，直到统一的档案名词的出现，在整体上，档案才成为具有清晰的认识论意义的存在。所以，从人类认识的意义上讲，档案事物的整体起源于统一的档案名词的出现。

在我国，档案名词的演化经历了以下过程：出现零星的个体的名词（如“治中”等）→出现具有一定普遍意义的名词（如“案卷”）→出现具有普遍意义的名词（“档案”）→对名词进行理性解析。这个过程表明了人们对这一事物认识的不断进化。

二、档案的定义

目前，关于“档案”一词的含义，没有一个不可更改而必须优先采用的最终的、最完备的定义。不同时期，不同环境下，“档案”一词具有不同的内涵和形式。

当前，为较多人所接受的一般意义上的档案，是从属性、来源、形态、作用等角度对“档案”的综合性描述。档案的定义包括了以下几个基本含义：

（一）档案是在人类社会各项实践活动中直接形成的历史记录

档案来源于人类社会的各项实践活动，产生于经济、科学技术、社会管理、文化、艺术等各个领域。也就是说，档案是人类社会活动的产物，是一种普遍的社会现象。由于人类的实践活动是极其广泛、极其丰富的，而且社会的发展仍在不断深化、拓展。这就决定了档案内容的丰富性、来源的广泛性和类型的多样性。“直接形成”说明档案继承了文件的原始性，“历史记录”说明档案在继承了文件原始性的同时，也继承了文件的记录性，是再现历史真实面貌的原始文献。因此，档案具有凭证价值的重要属性，并以此区别于图书情报资料和文物。

（二）档案来源于文件

档案是由文件有条件地转化而来的，档案和文件是同一事物在不同价值阶段的不同形态，两者具有同源性和阶段性的共性，也具有实效、功用、离合等个性差异。从信息内容和形式来说，两者相同，但从时效、价值系统性上来说，档案是对文件的不断扬弃。首先，从时效上，办理完毕（或叫处理完毕）的文件才能作为档案，档案一般是完成现行使命而备留查考的历史文件。其次，从价值上看，对日后实际工作和科学研究等活动具有一定查考利用价值的文件，才有必要作为档案保存。最后，从系统性来说，档案是把分散状态的文件按一定逻辑规律整理而成的信息单元。因此，文件是档案的前身，档案是文件的延伸；文件是档案的基础，档案是文件的精华；文件是档案的素材，档案是文件的组合。

（三）档案的形式多样性

档案的形式，包括载体、制作手段、表现方式等。就档案的载体（载录档案信息的物质材料）而言，我国既有古代遗留下来的龟甲兽骨、竹简木牍、金石、贝叶、缣帛等档案，新中国成立前各具历史时期的少数民族在社会活动员中形成以纸张为主的书面文件等传统形式的档案，还有胶片、磁带、磁盘等形式的档案。从制作手段来看，有刀刻、笔写、印刷、复制、录音、摄像等 . 从表这方式来看，有文字、图表、声像等。档案信息的表达方式和载体的革新，标志着档案和档案工作发展的不同阶段，也反映了社会文明发展的水平。

（四）档案的本质属性

档案具有历史再现性、知识性、信息性、政治性、文化性、社会性、教育性、价值性等特点，其中，历史再现性为其本质属性，其他特点为其一般属性。因此可将档案的定义简要地表述为：档案是再现历史真实面貌的原始文献。

三、档案的分类

档案分类是根据档案内容和形式的异同，分门别类地、系统地组织与揭示档案材料或信息的一种方法。它将彼此属性相同的档案材料或信息分别集中在一起，把彼此相异的档案材料或信息分开，成为有条理的系统，以满足特定的需要。

档案分类可以区分为广义和狭义。广义的档案分类，一是档案概念分类，通常多称为档案种类的划分；二是档案实体分类；三是档案信息分类。狭义的档案分类是指全宗内档案的分类，即档案整理的分类，它仅是档案实体分类中的一层。

（一）档案概念分类

档案概念分类是指档案概念外延的划分，即在档案总概念下，分为许多具体档案概念，通常亦称档案种类的划分。人们根据档案的不同属性和科学管理档案的需要，分别采用不同的标准，从各种角度划分档案的种类：

根据档案形成者的性质，可分为国家机关档案、社会团体档案、企业单位档案、事业单位档案、名人（人物）档案等。

根据档案的内容性质标准，有两种划分方法：一种是先分为普通档案和专门档案，然后再具体划分；另一种是直接分为文书档案、公安档案、诉讼档案、会计档案、科技档案、人事档案、社会保险档案等多种门类。

此外，还可以按照历史进程的时间次序、档案的所有权、档案的载体形式等标准作为档案划分的方法。档案概念分类具有临时性、不稳定性的特点，可以用档案的任何一种属性或特征作为划分标准，其目的是从不同角度、不同侧面加深对档案概念的认识，随机性比较大，不必强求统一，只要这种划分有利于对档案的科学管理就应承认其合理性。

（二）档案实体分类

档案实体分类就是依据一定的标准，按照档案的来源、时间、内容和形式特征的异同点，对实实在在的档案进行有层次的区分，并组成一定的体系。它按照档案的本来形态，将形式与内容作为一个整体来分类。档案实体分类能体现档案的形成规律与特点，最大限度保持档案之间的历史联系，把以件、卷（盒）档案组成的实体单位置于不同类别之中，确定档案的物理位置，然后依此顺序编制案卷目录，使之系统化、固定化，实现了档案从分散到集中，从无序到有序，以整齐的排架分类，为档案实体的科学管理奠定基础。

（三）档案信息分类

档案信息分类是指以档案所记述的信息为对象进行分门别类，也称为档案目录信息的检索分类或简称档案检索分类。它将档案的载体形式与内容相分离，使内容脱离其外壳的形式而独立，从而失去了原有的物质形态而仅存其信息内容分类。档案信息分类在实际工作中主要表现为对每份文件或案卷进行分类标引，组织分类目录或索引，建立目录中心，完善检索体系，以便深入开发档案信息，实现资源共享。

四、档案的价值及其作用

（一）档案的价值

档案的价值是档案和档案管理工作存在与发展的生命力之所在。所谓档案的价值，是指档案的利用价值，亦即档案对社会需要的满足或者说是档案对满足社会需求的有用性。档案的属性特别是本质属性能够满足社会的某种需求时，就形成了档案的价值。档案的价值问题是事关档案“生死”、决定档案事业“存亡”的最根本的问题之一。需要指出的是，档案不是商品，因而“档案的价值”不是政治经济学上定义的“价值”，而是指档案的使用价值或者说是它的“有用性”。

档案能够满足社会需要的有用性，虽然其具体表现呈现出多样性、变动性，但归纳起来，基础性的价值主要有两方面：凭证价值、参考价值。档案的其他具体价值都是以此为基础的，可以说，没有“凭证价值”和“参考价值”，诸如文化价值、资源价值等均无从谈起。

1. 档案的凭证价值

档案的凭证价值，是指档案由其本质属性决定而具有的证据价值，可以起到其他文献无法比拟的证据作用。档案的凭证价值是档案最基本和最基础的价值，没有这一点，档案也就根本不可能具有并发挥任何其他的作用。

档案具有凭证价值是由其形成规律和档案自身的特点所决定的。从档案形成过程及其结果上看，档案是从当时、当事直接使用的文件转化而来，并非在使用之际临时编造的，它客观地记录了以往的历史情况，是历史真迹，是令人信服的历史证据，具有无可置辩的证据作用。从档案本身的物理形态上看，文件上保留着真切的历史标记。如有的文件上有当事人的亲笔签字或批示，有的文件上有机关或个人的印信，而有的文件上则有原来形象的照片、录像和原声的录音等，这些就成了日后查考、研究、争辩和处理问题的依据。这些原始标记进一步证明了档案是确凿的原始材料和历史证据，是真实的历史凭证。

2. 档案的参考价值

参考价值是指档案因其基本属性所决定而具有对他地、他人、他事的借鉴价值。

档案作为人类实践真实的原始记录，客观记录了实践的思想、活动经过、实践方法与技术、成绩与问题、经验与教训以及对有关实践活动规律的认识等。而且档案来源非常广泛，记录的知识信息内容极其丰富。档案中有成功的经验和失败的教训，有思想观点和实践事实，既涉及社会的变革又涉及生产的发展等。这些都可为后人和他人提供借鉴，使我们在工作和学习中少走弯路，尽快达到目的。人类社会发展的连续性、继承性，需要档案发挥参考甚至依据作用。与图书资料等相比较，档案的参考价值具有更强的可靠性、系统性，档案是原始记录，是第一手的资料。同时，档案是人类在活动中形成的，具有来源广泛、内容丰富的特点，是可以满足各类社会组织和个人广泛利用需求的。任何单位或个人，遇有难题，都可以到档案部门找到参考，寻找答案。

（二）档案的作用

档案的作用是指档案对人们的社会实践活动所产生的积极影响，同时，档案作用的发挥具有一定的规律性，了解这方面的知识对于我们做好档案工作具有重要的意义。

1. 机关工作的查考凭据

档案记录了各种机关、单位过去活动的状况，其中包括行使行政职权的法律依据，处理行政事务的过程与结果，以及管理活动的经验，是任何一个政府、任何一个机关单位连续工作必须查考的凭据。档案可以为机关、企事业等单位的领导工作和业务管理，提供证据和咨询资料，借以熟悉情况、总结经验、制订计划、进行决策、处理各种问题。否则，只靠记忆处理工作则有时无以为凭，或往往有失准确，间隔日久的事务难免被人遗忘。

2. 生产建设的参考依据

档案中记载了各种生产活动的情况、成果、经验和教训，从自然资源、生产手段到生产过程以及计划管理和生产技术等各方面的信息，这些可以作为工农业生产和经济管理的科学依据和参考材料。当今日益增多的科学技术档案，更是进行现代化生产管理和科学技术管理的重要条件。但是，无论是普通档案，还是科学技术等专门档案，总的来说，都从不同程度和不同方面反映了经济活动的情况。它们都能为以经济建设为中心的现代化建设提供咨询研究、统计监督的情报信息，对制订经济计划，检查和总结生产情况，推广先进生产技术和管理经验以及防止灾害等等，都是重要的参考材料。

3. 科学研究的可靠资料

无论是自然科学，还是社会科学、思维科学的研究，都必须详细地占有材料，才能据以潜心钻研，探索事物发展的规律。档案可以从两方面为科学研究提供丰富的历史资料：一方面，专门进行科学研究的原始记录，可供现实的研究工作直接借鉴；另一方面，从记录的广泛事实和经验中，为各项研究活动提供大量的实验、观察和理论概括的基础材料。

第二节 档案管理的基础认知

一、档案管理的内涵

（一）档案管理的内容

档案管理就是用科学的原则和方法管理档案，为党和国家各项事业服务的工作。它的工作内容从广义上说，是指档案事业所包括的档案馆工作、档案室工作、档案事业管理工作、档案教育、档案科学研究、档案的宣传及出版等工作。从狭义上说，包括两方面内容：一是档案资源管理，是指档案业务工作所包括的档案的收集、整理、鉴定、保管、统计、检索、编研和提供利用八个环节。其中前六个环节是档案的基础工作，编研与利用是开发利用工作。二是档案信息组织，即对档案提取信息的管理，是指将档案中所包含的信息内容进行揭示、加工和存贮，形成二次文献，以便提供档案信息的开发利用。

由于现代的档案管理工作已然发展成为复杂的系统，所以，其内容也可以按多层次进行划分。其第一层次分档案实体管理和档案信息开发两个子系统，两个子系统下又可再分若干层次小系统。档案实体管理分收集、整理、鉴定、保管、统计等工作环节；档案信息开发又分信息加工和信息输出两部分，信息加工由编制目录、编辑文献汇编和编写参考资料构成，信息输出由提供阅览、复制、咨询、函调、外借以及出版、展览等多项服务活动构成。整个档案管理系统及其子系统在运行中都形成反馈机制。随着档案管理现代化的发展，还将对档案管理工作的结构产生新的影响。档案管理的最终目的是提供档案信息为社会实践服务，档案管理系统的结构即根据这一目的而设置。其中，每项工作都不可或缺，并有特定的程序。它们组成一个有机整体，为实现档案管理系统整体功能而发挥各自的作用，同时也相互关联、相互制约。例如，价值鉴定工作有时与收集、整理工作结合进行，甚至在文件立卷归档时就进行初步鉴定。

（二）档案管理的分类

1. 分类的一般方法

按文件的产生时间分类，具体包括年度分类法、时期分类法两种；按文件来源分类，包括组织机构分类法、作者分类法、通讯者分类法三种；按文件的内容分类，包括问题分类法、实物分类法、地理分类法三种；按文件的形式分类，包括文件的种类、制成材料、形状分类三种。

2. 常用的分类方法

年度分类法，也称年代分类法，就是根据形成和处理文件的所属年度将全宗内档案分成各个类别。

组织机构分类法就是根据文书处理阶段形成和处理文件的承办单位进行分类，即按照立档单位的内部组织机构将全宗内档案分成各个类别。

问题分类法就是按照档案内容反映的问题将全宗内档案分为各个类别。

3. 分类法的选择

①组合分法：年度－组织机构分类法；组织机构－年度分类法；年度－问题分类法；问题－年度分类法。②分类方案：为了便于对全宗内档案具体地进行分类，在选定某种分类方法之后，就应编制一份“分类方案”。

（三）档案管理的特点

从几千年档案管理的历史来看，档案管理是由非独立系统到独立系统、从简单管理到复杂管理、由经验管理到科学管理、由手工管理到计算机管理、由封闭系统到开放系统而发展的。但是，档案管理就其基本性质和主要特点来看，古今并无不同，总的来说，档案管理工作是一项管理性工作、服务性工作和政治性工作。

1. 档案管理是一种管理性工作

档案管理工作不生产物质财富，档案主要也不由档案管理机构和档案工作人员产生和利用，它是专门负责管理各部门形成的历史文件的一种专业，所以是管理性的工作。

2. 档案管理是一种服务性工作

主要体现在以下方面：一是档案管理系统不是孤立的，而是各项社会管理系统中不可缺少的组成部分；二是档案部门虽然也研究档案、进行编著等活动，但其目的还是为了更好地适应社会的利用需要，仍具有服务性。

3. 档案管理是一项政治性工作

档案工作的服务方向、管理对象及实质决定了其具有政治性。在社会历史的各个阶段，档案工作必然为一定的经济、政治、文化服务，否则就不会存在，也难以发展。这个服务方向是档案工作政治性的集中表现。档案记载了国家政治、经济、军事、科学技术等方面的真实情况，其中有尚未公布和不准公布的重大事项，涉及单位和个人利益或隐私，关系到国家利益和民族利益。档案的保密性、机要性也体现了档案管理的政治性。档案记述了党和政府的方针政策以及人们进行工作的思想意图、成功的经验和失败的教训，记录着经济社会的发展历史，反映了一定历史阶段的社会政治、经济和文化状况，承载着人类文明的优秀成果，客观地维护着历史真实面貌，服务于现实经济社会发展需要。

二、档案管理的原则和要求

（一）档案管理的原则

档案管理应当坚持以下原则：

1. 统一领导，分级管理

统一领导、分级管理是我国档案工作的组织原则和管理体制，其含义主要表现在以下几个方面：

第一，在各级人民政府的统一领导下，全国各地的档案工作由各级档案管理部门统一、分级、分专业进行管理。

其中，统一领导是指对全国的档案工作制定统一的方针、政策和档案法规，实行统一领导、监督和检查。分级管理是指全国的档案工作由各级档案管理机关分层次进行管理。分专业管理是指按照全国档案工作管理的统一要求，中央和地方专业主管机关结合本专业的实际情况，制定本专业的档案管理法规和制度，指导、监督和检查本系统内各个单位的档案管理工作。

第二，各级各类档案管理机构应当对我国的全部档案进行集中管理。各级机关、团体以及企业、事业单位的档案，应由各单位的档案管理机构进行集中管理，不得分散保存。

各机关、团体及企、事业单位中需要长期保存的档案，应由各级档案馆集中保管，未经批准，不得将任何档案进行任意转移、分散或销毁。

第三，党政档案和党政档案工作实行统一管理。全国的党政档案工作由党和政府直接领导，各级档案管理机构对各级党政机关的档案工作进行统一指挥、监督和检查。在性质上，各级档案管理机构既是党的机构，又是政府机构。

2. 维护档案完整与安全

维护档案的完整与安全是档案管理工作的基本要求。只有保证档案的完整与安全，才能为档案工作提供必要的物质基础。档案的完整是指确保档案内容的联系性和真实性以及档案数量的齐全，档案的安全是指档案实体的安全和档案机密的安全。

档案管理要保证档案的物质安全和政治安全，即积极地采取保护措施，力求档案不受损坏，延长档案寿命；保护档案免遭破坏，严守档案机密不被盗窃。

3. 便于社会各方面的利用

便于社会各方面的利用，是档案管理工作的根本目的。档案工作的各个环节，都应从档案利用的角度进行考虑，档案工作是好是坏，应以是否便于利用为衡量标准。

档案管理的三个基本原则是辩证统一的关系。统一领导、分级管理是核心，没有统一领导、分级管理，就难以实现档案维护的完整与安全，从而不便于社会各方面的利用；如果不考虑档案的利用，那么统一领导、分级管理和档案的完整与安全将变得没有意义和方向。

（二）档案管理的要求

1. 完整性要求

保证档案的完整性和真实性，注意档案收集工作的齐全和完整，首先要保证档案在数量上的齐全，其次要维护档案在质量上的有机联系和历史真实面貌，确保档案的齐全完整。

2. 安全性要求

档案的应用、参考、更新等一切的功能都是以档案安全为基础的。档案管理的安全性包括了档案实体的安全和档案信息的安全，在档案实体的安全，更注重的是注意保管环境的影响；档案数据信息的安全，其主要影响因素则包括了内容安全和计算机管理交流的安全。档案的安全性在档案管理系统中尤为重要，是信息得以完整延续的重要保障。

3. 科学性要求

现代档案管理工作要求管理技术的科学性和管理模式的科学化，这两者是档案管理发展的重要因素，其中，管理模式的科学化尤为重要，只有真正实现了档案管理模式的科学化，才能有效提高档案管理工作的质量，提高档案信息的准确性、有效性，充分发挥档案的价值。

4. 规范性要求

档案的规范化管理是发挥档案管理社会效益和经济效益的必然要求。严格规范档案各环节的管理，建立健全档案管理各项制度，建设标准化、规范化的档案管理模式有助于科学管理各类档案资料，提升档案管理发展的进程。

5. 现代化要求

档案管理现代化即以系统论等现代管理科学为指导，运用现代管理方法和手段，采用先进的管理技术与设备，充分发挥档案管理人员的主动性、积极性和创造性，对档案管理的传统方式进行改革，加快实现其系统化、定量化、信息化、智能化管理。档案管理现代化是现代社会发展的必然结果，也是档案管理部门主动迎接新科学技术挑战，为促进社会现代化而进行的变传统档案管理为现代档案管理的过程，是新时期社会发展和档案事业发展的必然趋势。

第二章 档案收集与整理工作

第一节 档案收集与管理工作的内涵

一、档案的收集工作

（一）档案收集工作的内容

档案收集是一种按照党和国家的规定，通过例行的方式和制度接收、征集有关档案和文献的活动，这种活动可以将散落在各机关、组织、个人手中的相关档案统一收集到有关的档案室或档案馆，以便实现对相关档案的科学管理。具体来看，档案收集工作涉及以下几方面的内容。

第一，机关单位、事业单位和企业单位的档案室对本单位所要归档的档案的接收。

第二，档案馆对辖区内现行的机关单位、事业单位、企业单位和撤销单位的具有长期保存价值的档案的接收。

第三，对中华人民共和国成立以前各个历史时期所形成的档案的接收与征集。

在这里需要注意的是，档案收集工作并非是一项简单的事务性工作，而是一项会受国家政策影响，并且具有很强业务性特征的工作。这主要体现在两方面：一方面，档案室和档案馆在收集档案时需要根据国家政策规定，以及档案的特性进行选择；另一方面，档案收集工作受档案形成者的档案意识水平、价值观以及档案馆（室）保管条件等多种因素的制约，需要综合研究、统筹规划，提高档案收集工作的质量。

（二）档案收集工作的地位

在整个档案管理工作中，档案收集处于一个十分特殊的地位，这一地位主要体现在以下几方面：首先，档案收集工作是档案馆（室）积累档案的一种重要手段，也是档案馆（室）开展档案工作的业务对象和业务起点。其次，档案收集工作是档案馆（室）对档案进行有组织、有目的、有纪律、有规划的管理的一项具体措施。再次，档案收集工作质量的高低情况，会直接影响档案馆（室）其他工作的开展和实施。最后，档案收集工作是档案馆（室）和外界发生联系的重要环节之一，是以国家相关政策为依据，与社会进行广泛接触，且需要工作人员具有较强的业务能力的工作。

（三）档案收集工作的特点

1. 预见性与计划性

作为人类各种社会活动的伴生物，档案的形成具有很强的分散性特点，即档案是散布于社会各个方面的。档案室和档案馆要进行档案收集，只有对其进行认真调查，科学地分析和预测档案形成、使用、管理的规律和特点，才有助于从分散的档案中做好收集工作。

同时，档案馆和档案室在进行档案收集时，还必须充分、全面地了解和把握本馆（室）主要档案用户的利用动向、特点和规律，以便结合档案用户的长远需要收集能为他们所用的档案，真正发挥档案收集的作用。这意味着档案馆和档案室需要提前做好档案收集工作的计划，以便有计划、主动地开展档案收集工作。

2. 完整性与系统性

档案收集的一个重要要求就是收集到的档案必须在种类、内容方面符合齐全、完整的特点，同类档案之间也应能构成一个有机整体，这就使档案收集工作也表现出完整性和系统性的特点。档案收集的完整性和系统性特点要求在收集档案时，必须考虑档案当前以及未来在生产、生活中能起到的积极作用，以便真正发挥档案收集信息参考的价值。

3. 针对性与及时性

档案收集工作，必须根据各级各类档案馆（室）收集档案的范围来进行，不能违反国家规定，擅自收集不属于本馆（室）收集工作范围的档案，以保证收集工作能够有目的、有重点地进行。档案收集工作还具有及时性的特点。它要求档案人员必须具有明确的时间意识，将应当接收或征集的档案及时收集进馆（室），档案部门应当尽最大的努力，避免拖延迟误，在掌握有关信息线索的前提下，采取相应的方式，尽快将档案收集起来。

二、档案的管理工作

（一）档案管理工作的内容

一般情况下，档案管理工作的内容主要包括区分全宗、在全宗内建立档案分类、立卷并进行案卷编号、编制案卷目录。而考虑到实际工作中存在状况的差异，具体的档案整理工作内容也会有所差异，从实际情况来看，目前，我国的档案管理工作，按其内容范围大致可以分为以下三种情况。

第一，在正规的工作条件下，档案室所接收的文件大多数是由文书部门和业务部门按照本室档案归档工作的要求立好的案卷，而档案馆接收的档案则是根据本馆档案要求整理好移交的案卷。也因为这样，档案室和档案馆的档案管理工作主要是对接收的档案进行更大范围的系统整理，如全宗和案卷的排列、案卷目录的加工等。

第二，一些已经入馆、入室保管的档案文件，档案室在整理时可能发现其中存在一些不符合本馆、本室档案工作要求的情况，这就需要档案馆和档案室根据本馆、本室档案工作要求对其进行重新加工整理，以提高档案整理的质量。同时，还有一些保存时间较长，档案自身和整理体系已经发生变化的档案，档案室和档案馆也需要对其进行调整。

第三，有些情况下，档案室和档案馆也会接收一些零散的档案文件，这就需要工作人员对其进行全过程的整理和加工，其工作内容与一般档案整理工作内容相同，即区分全宗、在全宗内建立档案分类、立卷并进行案卷编号、编制案卷目录。

在实践中，我国档案室和档案馆对档案的管理主要属于第一种情况，但后两种情况也经常出现。因此，档案工作人员需要熟悉整个档案管理工作的程序，掌握相应的业务能力。

（二）档案管理工作的程序

1. 系统排列和编目

在正常情况下，档案室接收的是文书部门和业务部门按照归档要求组合好的文件材料，而档案馆接收的是各个单位档案室按照进馆规范系统整理的档案。因此，对于档案室和档案馆来讲，档案管理工作只是在更大范围内对接收进来的档案做进一步调整。

2. 局部调整

档案馆（室）在日常管理工作中，要定期对所藏档案进行检查，发现明显不符合要求、确实影响保管和利用的档案，档案馆（室）有责任对不合理的整理状况进行局部的调整。

3. 全过程整理

档案馆（室）在收集档案过程中，由于种种原因，其中有些档案没有经过系统的整理，处于凌乱状态，这就必须进行全宗划分、组合、排列和编目的全过程整理工作。

（三）档案管理工作的原则

1. 注意保持档案之间的有机联系

可以说，档案整理的任务就是要“自然地”按照档案文件“固有的次序”去排列组合档案文件实体并固定它们相互间的位置，使之保持其内在的、客观的有机联系，形成具有合理有序结构的整体。

档案之所以会对各种类型的、有着不同需求的用户有用，就是因为它记录了一些事物发展的过程。用户在将来查阅时，通过档案记录能够发现一些事物发展的规律或者为其提供凭证。也就是说，从各种角度、方面对档案的利用要求，实际上是档案所反映的活动过程本身所诱发的，是由这种活动本身的存在而派生出来的。因此，档案分类只能依据形成档案的活动过程本身所具有的运动规律和科学程序来进行，即应以保持文件中与这种过程、规律或程序相吻合的本质有机联系为原则。

在这里需要注意的是，档案之间的有机联系并不是绝对的，而是相对的。在同样类型的活动过程中，事物之间的各种矛盾和联系也是多种多样的。哪种主要，哪种次要，这是随客观条件的变化而变化的，对待文件间的有机联系必须具体问题具体分析，绝不能强求，机械地认为保持某种联系最重要，因而僵硬地坚持非采用某种分类方法不可。相反，从实际出发变换我们的方法，力求保持文件间最紧密的联系，才是唯一正确的做法。

2. 充分利用原有的整理基础

档案是历史的产物，在入藏以前，有的可能存有文件作者或经办人员保管、利用它们的痕迹，有的则可能经过历代档案工作人员的整理。因而在档案整理过程中注意发现上述遗迹并加以利用，即充分利用原基础，也是科学组织档案分类工作的一条原则。

档案中存在的经初步保管、整理的状况或成果，在某些情况下，可能会具有一定的合理成分。如文书处理人员为便于承办和利用，常把同一事件的请示与批复放在一起，形成了档案文件间一种自然的排列次序；而过去的档案人员整理文件时，更是出于当时的某种需要或某种考虑，把具有某种共同特征（问题、作者、时间或形式等）的文件组合在一起。正因如此，应该从实际出发，充分认识并利用原有的基础，以确定档案整理的任务与方式，不轻易打乱重整。就是说，在整理档案之前，应对档案的现状做调查研究。

首先，如果发现档案已经过初步整理，原基础较好，一般就不必打乱重整。这种原有的基础，按现时的标准衡量，可能在保持有机联系的问题上有这样那样的缺陷。但是，整序档案作为实体控制的手段，其目标无非是要使档案按一定的规则或规律排列起来，确定其存放的位置，以便于检索。只要这些档案有规可循，有目可查，一般就应尽量保持其原有的整理体系。

其次，即使原基础很不理想，根本未经整理或必须重整，也应仔细研究存在于档案中的每一丝线索，不轻易打乱破坏文件产生处理过程中形成的自然顺序，或前人的整理成果。也就是说，要注意吸取原基础中的合理成分，即使对某些极简单的保存与清理工作的痕迹，也应注意分析是否有参考价值。只有在全面掌握原基础情况以后，才能拟订切实可行的计划，动手整理或仅仅做局部调整。

3. 便于保管和利用

整理档案时，应充分利用档案原有的基础，积极保持档案之间的有机联系，但在具体的整理实践中，有些文件的联系的保持又容易与档案保管的便利性产生冲突。例如，会议产生的文件，有纸质的，也有视频的、音频的，还有可公开的、必须保密的，如果单纯只强调文件之间的有机联系，将它们混合起来进行整理，很显然会对保管的便利性产生不利影响。因此，在整理档案时，如果档案之间的有机联系与档案保管的便利性产生冲突，不能只重视文件联系，还要充分考虑档案保管与利用的便利性。对于不同种类、不同载体、不同机密程度、不同保管价值的档案应根据具体情况具体处理，恰当组合，以便在一定范围内保持档案的最优化联系。

在这里需要注意的是，档案整理必须便于保管和利用，并非是通过它就能完全满足从多角度检索档案文件的一切需求。便于保管和利用既是档案整理的出发点，更是整个档案管理工作的出发点。不能要求在实体控制阶段就“毕其功于一役”，解决应由整个档案管理各阶段共同一起解决的问题。应该看到，档案整理工作的任务只能是按一种规则排列档案实体使之形成有序结构，从而为档案的更好保管和进一步利用提供必要的基础。至于使档案信息能从多角度检索，满足一切查寻要求，那是智能控制的任务，不能强求由档案的实体整理去完成。否则就只能今天按这一种方法整理，明天又按那一种方法排序，反而使档案实体易于损毁，不便利用。

第二节　档案室与档案馆的收集工作

一、档案室的收集工作

档案室的收集工作包括接收本单位归档的文件和收集未及时归档的平时文件两个方面的内容。其中，文件归档是档案室收集档案的主渠道，平时文件的收集则是一种补充的形式。

（一）文件归档

各单位在工作活动中产生的文件材料办理完毕后，不得由承办部门或个人分散保存，必须由文书部门或业务部门系统整理，定期移交给本单位档案室集中管理，这就是归档。在我国，归档是国家明文规定的一项制度，并且以法律的形式固定下来，这就是通常所说的归档制度。归档制度是档案室收集工作的重要内容和最基础的工作，建立健全归档制度能够确保档案室档案来源的连续性，为国家积累档案财富提供重要保证。

1. 归档范围

归档范围是指办理完毕的档案文件应该归档还是不应该归档的范围。决定文件是否应该归档的因素主要是档案文件本身的保存价值。以下几种档案文件都属于归档范围。

第一，能反映本机关历史发展情况以及本机关的主要职能活动，并且对本机关的工作具有利用价值的文件材料。

第二，在机关工作活动中形成的，在维护国家安定、公民权益等方面的凭证性文件材料。

第三，本机关需要执行的上级机关、同级机关的文件材料，以及下级机关报送的重要文件材料。

第四，其他对本机关工作具有参考价值的文件材料。

不属于归档范围的文件材料，主要包括以下几种。

第一，备份的文件材料，如国家相关机关印发的文件，本单位内凡有备份的，均由主管单位负责归档，其余可不必归档。

第二，一般事务性且没有保存价值的文件材料。

第三，未经会议讨论，未经领导审阅、签发的文件材料。

第四，未成文的草稿，以及经过多次修改的修改稿。

第五，与本机关、单位业务无关的由主管机关和非隶属机关发来的文件材料。

第六，本机关领导兼任其他机关职务期间形成的文件。

第七，一般人民来信。

第八，法律规定的不得归档的文件材料。

总之，确定归档范围的一般原则是：归档文件必须具有一定的保存价值，必须符合各机关文件材料的实际状况。各机关和单位应根据国家的统一规定和要求，确定本机关归档和不归档文件材料的范围。

2. 归档时间

归档时间是指文书处理部门或业务部门将需要归档的文件材料向档案室移交的时间。

《机关档案工作条例》规定：机关文书部门或业务部门一般应在文件办理完毕后的第二年上半年，即在次年 6 月底以前向档案部门移交。

《企业档案工作规范》规定：企业在经营管理工作、生产技术管理工作、行政管理工作、党群工作中形成的文件，一般应在办理完毕后的第二年第一季度归档。

某些具有一定专业性的文件可以另行规定合适的归档时间，如会计档案在会计年度终了后，可暂由会计机构保管一年，期满后，应当由会计机构编制移交清册，移交本单位档案机构统一保管；学校档案应当在次学年 6 月底前归档；磁带、照片及底片、胶片、实物等特殊载体则应在工作结束后及时归档，或与相应内容的纸质载体同步归档等。在这些文件中，科技文件的归档不同，它没有固定的归档时间，主要根据科技文件材料的不同类型和特点、不同的形成规律和利用需求来确定合适的归档时间。一般来说，有定期归档和实时归档两种。定期归档可分为按项目结束时间归档、按子项目结束时间归档、按工作阶段归档、按年度归档四种；实时归档适用于机密性强的科技文件材料和外来材料（外购设备的随机图纸、文字说明，委托外单位设计的文件材料等）。

3. 归档文件的质量要求

根据《归档文件整理规则》的规定，应该从下列几个方面检查归档文件的质量。

第一，归档的文件应齐全、完整，每份文件不缺张少页，并组成保管单位。

第二，遵循文件的形成规律，保持文件之间的有机联系，区分不同价值，便于保管和利用。

第三，卷内文件经过系统整理和编目。

第四，案卷封面填写清楚，案卷标题准确，案卷排列合理，编号无误。

第五，编制完整的案卷目录和相关的文件。

第六，对已破损的文件应予修整，对字迹模糊或文件载体存在质量隐患的文件应予复制。

第七，归档文件所使用的书写材料、纸张、装订材料等应符合档案保护要求。

第八，在文书档案文件组卷时，一般应将文件按年度分开，不同年度形成的文件一般不可放在一起组卷。但是，跨年度的请示与批复，应放在批复年度立卷，没有批复的，放在请示年度立卷。

第九，录音带、录像带、影片、照片等特殊载体的文件，应同纸质文件进行统一整理、编目，但要分别存放，在案卷目录上要注明互见号，以保持文件间的历史联系，便于查找利用。

第十，绝密文件和绝密电报应该单独立卷（少量普通文电如与绝密文电有密切联系，也随同绝密文电一起立卷）。

第十一，对于不同保存价值的文件，应当分开组卷，以便日后向档案馆移交，防止拆卷重组问题的产生。

（二）平时文件的收集

平时文件收集是指档案室在执行归档制度之外对零散文件的收集。

1.“账外”文件的收集

“账外”文件是指未经单位文书部门登记入账，在收、发文登记簿上无“账”可查的文件。“账外”文件主要有：本单位召开的各种会议文件材料；本单位领导人和业务人员外出开会或参观学习考察等活动中获取的文件材料；外单位直接寄发给领导人“亲启”的文件或直接给部门和有关人员的文件材料；本单位内部各种规章制度、统计数字材料等。

2. 专业文件的收集

专业文件是指在各项专业活动中形成的文件和特殊载体的文件材料。档案室在重视对文书档案、科技档案收集的同时，还应重视对各种专业文件的收集；在重视对纸质文件收集的同时，还应健全归档制度，重视对音像等其他载体文件的收集，确保档案室保存的文件门类齐全。

3. 零散文件的收集

零散文件的形成原因主要有两个方面：一是某些单位由于归档制度未建立或归档制度执行不严，致使文件材料分散保存在内部机构、领导人或业务人员手中，特别是未经收发室登记的文件和某些内部文件；二是由于机构调整、人员变动或发生搬迁、灾害等特殊情形，使归档文件不齐全、不完整。

二、档案馆的收集工作

档案馆作为党和国家的文化事业机构，是集中保管党和国家重要档案的基地，是社会各方面利用档案信息资源的中心。因此，它必须以拥有丰富、优质的馆藏档案和资料为基础。做好档案的接收与征集工作是档案馆工作中一项非常重要的内容。

（一）档案馆档案接收的范围

按照《档案馆工作通则》和《各级国家档案馆收集档案范围的规定》的文件精神，档案馆接收的范围包括如下几方面。

第一，本级各机关、团体及其所属单位具有永久保存价值的档案，省辖市（州、盟）和县级档案馆同时接收长期保存的档案。

第二，属于本馆应接收的撤销机关、团体的档案。

第三，属于本馆应接收的中华人民共和国成立以前的各种档案。

对于第一条所列“本级各机关、团体及其所属单位”中的所属单位，在具体接收时要明确规定接收到哪一级所属单位。目前，一般只接收到二级单位，档案馆各方面条件具备也可以接收到所属的基层单位。比如省（市）档案馆，按规定应接收省（市）直属机关、团体、企业、事业单位的档案。如果接收到二级单位，就可以接收省（市）直机关所属的公司（如百货公司、五金交电公司、服务公司、食品公司等）的档案。如果接收到所有的隶属单位，就要接收各公司所属的工厂、商店的档案。

党的组织关系在地方，属于地方和上级主管部门双重领导的单位形成的、以反映地方某项事业或建设活动为主的档案，经有关方面协商，也可以属于第一条范围内。

另外，集体所有制单位和典型私营企业形成的有进馆价值的档案和著名人物档案，经协商同意，也属于档案馆的第一条的接收范围。

（二）档案馆档案收集的要求

为保证接收工作的顺利进行，档案馆在接收档案时，一般应符合如下要求。

1. 档案整理编目规范

档案由有关单位收集齐全，并按规定进行系统整理。

2. 档案收集完整

进馆档案应按全宗整理，保持全宗的完整性。一个全宗范围内文书档案、科技档案、音像档案和实物等各种门类和载体的档案应作为一个整体统一移交给同一个档案馆。

3. 档案检索工具齐全

接收立档单位档案的同时，应将其编制的组织沿革、全宗介绍、案卷目录等有关检索工具以及与全宗相关的各种资料一并接收。

4. 限制利用意见明确

对自形成日期满 30 年仍能对外开放的档案，各有关单位应在移交时提出明确的控制利用意见。政府信息公开部门应对移交档案中涉及政府信息的，书面告知其原有公开属性。

5. 清点核对手续完备

档案移交时，交接双方必须根据移交目录清点核对无误，并在交接文据上签字盖章，一式两份，分别由双方单位保存。

（三）档案馆档案收集的任务

1. 现行机关档案的收集

按照《档案馆工作通则》等文件的规定，现行机关档案中具有长远保管意义的部分，需要定期向档案馆移交。接收现行机关档案室移交的档案，是各级档案馆的经常任务。

在对现行机关档案的接收时间上，档案馆接收现行机关保管期满的档案时，有逐年接收和分段接收两种办法。逐年接收，就是每年对现行机关保管期满的档案接收一次；分段接收，就是要隔一定时期（如 3 年、5 年）对现行机关保管期满的档案接收一次。一般采用后一种办法。

现行机关档案产生和形成的档案文件数量多，完整、系统，并且具有连续性。收集这些档案时需要满足以下几方面的要求。

第一，按规定向档案馆移交的档案，应该收集齐全（与档案有关的资料、立档单位的组织沿革、全宗指南及有关的目录、索引等检索工具，随同档案一并接收），并按全宗作为一个整体归入档案馆，不得随意分散。

第二，进馆的档案必须真实。凡有疑点的档案，都要尽可能加以考证，如果一时难辨清楚，也要存疑，予以证明。

第三，在接收档案过程中，除了履行必要的交接手续以外，在档案进馆前应做好案卷的检查验收，具体可以按照自检、互检、检查小组检查接收的步骤进行。

第四，馆藏档案内容除具有普遍性特点以外，还必须反映本地区的特点，有独到的地方特色。各省（市、自治区）档案馆的馆藏内容，有别于其他省（市、自治区）的鲜明地方色彩。要把带有地方特点的档案，作为接收的重点，以防止档案内容的大量重复。

第五，现行机关移交档案时，必须根据移交目录，同接收档案的有关档案馆一起清点核对，并在交接文据上签字盖章，以便明确交接双方的责任，保证进馆档案的完整齐全。

2. 撤销机关档案的收集

撤销机关是指中华人民共和国成立后，由于体制改革、行政区划调整等原因而被撤销合并的机关、团体、企业、事业单位及其他社会组织。档案馆按国家规定接收这类机关、团体、组织的档案，也是档案馆档案收集的重要任务。

撤销机关档案，具有易分散、整理不系统、存在尚未办理完毕的文件等方面的特征。为此，档案馆在接收撤销机关的档案时，除了应按接收现行机关档案的要求对所接收的档案进行检查外，还应注意以下问题。

第一，机关撤销或合并时，严禁将机关在历史活动中形成的文档予以分散、损毁、丢弃，而应将全部档案进行认真清理、鉴定，并妥善保管，之后按照国家相关规定，将这些档案移交相关档案馆进行管理。

第二，当某机关被撤销，其业务被划归到其他几个机关时，也不能将这个撤销机关原本留存的档案文件予以分散，而应将其视作一个有机整体妥善保管。然后由相关的单位通过协商的方式处理这些档案，当然也可以将其交给某个接管机关代管，或移交相关档案馆。

第三，当某个机关并入另一个机关，或几个机关合并为一个新的机关时，应按机关将其档案分别组成一个个有机整体，然后分别向有关档案馆移交，而不能将这些合并前的机关档案与合并后形成的档案混合在一起。假如接管撤销机关职能的机关，因为工作需要，可以在征得有关档案管理机关同意后，暂时代管撤销机关的档案。代管过程中一定要注意不要将撤销机关的档案与本机关的档案混淆，以便日后能清楚明白地将撤销机关的档案移交有关档案馆。

第四，机关撤销或合并时，假如存在还没有办理完毕的档案文件，应将这些文件转交给继承原机关单位职能的有关机关进行后续档案的处理。

3. 二、三级单位形成档案的收集

根据《各级档案馆收集档案范围的规定》的要求，各级人民政府的直属工作部门所属的独立分管某一方面工作或从事某项事业的行政管理机关和企事业单位，以及有代表性的第二、第三级单位形成的档案应向各有关档案馆移交。档案馆在接收这些档案时需要注意以下几方面的问题。

（1）避免不分重点，普遍接收

对二、三级单位形成的档案，档案馆必须择其有代表性的、典型的单位档案予以接收，而不能一味追求数量，采取普遍接收的办法。这就需要档案馆在接收档案前，要先做好调查工作，将本级机关或组织的所有的二、三级单位一一列举出来。在此基础上，按一定条件进行筛选，最后确定入馆单位的名单。

（2）避免不加选择，盲目接收

某些档案馆，为使馆藏数量增加，大量接收二、三级单位的档案，致使馆藏档案质量下降，数量“暴涨”，入馆的这种档案分类混乱，“玉石不分”、重复件增多（如统计报表、劳动及组织人事文件重复严重），给档案馆增加了人员、库房设备等方面的压力，给档案管理（如标准化工作）带来了沉重的负担。

（四）科技档案收集的方式

一般而言，档案馆对档案的收集方式主要有两种：逐年接收和定期接收。逐年接收即每年接收一次档案，定期接收就是每隔一定时期（如 3 年、5 年）接收一次。但是，档案馆对科技档案的收集方式有所不同，实行相关单位主送制和科技档案补送制。

1. 相关单位主送制

对于普通文书档案而言，应按要求将其中具有永久和长期保存价值的所有档案都移交进馆。科技档案则不采取这种普遍接收进馆的制度，而是实行相关单位主送制，即对不同种类及不同项目的科技档案，按照国家有关规定，分别确定报送单位，主送单位报送档案中的不足部分由其他有关单位补充移交。

2. 科技档案补送制

建立补送制的目的，是为了及时反映进馆档案所涉及的科技、生产项目的发展、变化情况，保持馆藏科技档案的完整性和准确性。例如，进馆档案所反映的基建项目进行重大改建、扩建，产品改型、换代等，在这些情况下，原移交单位要向档案馆补送相关的科技档案。

第三节 档案的整理

使档案实体系统化、有序化的整理工作也可称为档案的整序，它主要是通过分类来进行的。整序的过程就是对档案实体分分合合，将它们分层次组成全宗群、全宗、系列和案卷（或保管单位）并进行排列的过程。

一、区分全宗和全宗群

档案整理首先从区分全宗开始，这不仅因为档案信息的有机关联性首先是在全宗这一层次上体现出来的，而且因为全宗是档案馆对档案进行日常科学管理的基本单位。衡量文件的价值以决定是否选择它们进入档案馆的工作，是以全宗为基础进行的；为档案编目，保管、交接档案，也都要按全宗进行。全宗在馆藏建设和对档案实体施行控制的过程中有举足轻重的地位。

全宗是一个国家机构、社会组织或个人在社会活动中形成的具有有机联系的档案整体。一个全宗，反映了一个单位或个人活动的全过程。同时，全宗也是档案馆（室）对档案进行科学管理的基本单位。

（一）确定全宗的构成方式

区分全宗实际上就是将产生于同一活动过程的档案集中在一起，以便使它们与其他各类档案区别开来。科学地确定全宗的构成方式是区分全宗的前提，而全宗的构成方式是指全宗围绕什么样的核心（主体还是客体）形成，因此，确定全宗的构成方式实际上就是在判断全宗范围和界限的基础上，确定全宗是围绕什么中心形成的。

然而，任何人类活动都是主体、客体之间相互作用的复杂过程，站在不同的角度，按不同的标准观察分析，对活动过程和文件据以形成的核心就必然会有不同的理解，得出不同的结论。机关档案室档案之所以应构成主体全宗，就是因为站在现行机关的立场上，必然把由本机关进行的全部活动，看作以本机关主体为中心进行的完整活动过程。但是，如果站在更宏观的角度，即站在档案馆的立场上，从全社会的范围观察分析，对此又可能会有不同的认识，而且不同类型的档案馆的服务目标和担负的任务不同，所体现的社会需求和用户整体利益也不同。站在它们各自不同的立场上，分析形成全宗的人类活动过程和全宗本身的构成方式，其结论必然不尽一致。

具体来看，立档单位不是固定不变的，由于社会的发展，事业的进步，常常引起一些机关的增设、撤销或合并，这些发展变化常常给全宗的划分带来一些新的问题，需要在实践中认真对待。这就要求在具体划分时应该研究立档单位的各种变化情况，辨别哪些变化是根本性的，应当产生新的立档单位和全宗；哪些变化是非根本性的，不应成立新的立档单位和全宗。

个人全宗与组织全宗中的档案在有些情况下会出现交叉现象，也就是说某些档案既有一定的个人属性，又体现出组织属性，如某个单位领导以个人名义发表的文件。对于这种情况，一般采用以下的处置方式：凡是以组织的名义制发的文件都应归入组织全宗，个人全宗如果有必要，可以保留副本；组织全宗中不保存个人性质的文件，如个人自传、对个人情况的调查文件等；绝不允许将具有组织与个人双重性质的档案文件抽出归入个人全宗中。

（二）全宗群及其划分

联系密切的若干全宗的群体，称为全宗群。在我国，全宗的组织常常通过组建“全宗群”来体现和维系全宗之间的联系。各个立档单位的工作活动不是孤立的，而是互有联系的，因此，一定的全宗之间也就有了必然的历史联系，这种具有时间、地区、性质等共同特征的，有密切联系的若干全宗的组合体，称之为“全宗群”。具体说，全宗群是指同一时期或地区，在纵向或横向方面具有相同性质的立档单位形成的若干个全宗构成的一个有机群体。组织全宗群的目的在于维护同一类型或专业系统的若干个全宗的不可分散性和保持文件材料在更大范围内的历史联系，便于管理和开发利用。

为了便于保管和利用，应该把互有联系的全宗组织到一起，维护一定类型全宗的不可分散性。全宗群首先按照档案形成的不同时期分为几大部分，如新中国成立前的档案和新中国成立后现行机关的档案，然后每一部分再按立档单位的类型和特点，对全宗进行细分。比如，按照立档单位的性质，把档案分成工业交通系统，农林水利系统，财政、金融、商业贸易系统，科学文化、教育、卫生系统等；或者按区域分类，分别组成全宗群。全宗群分类一般应和档案的分库保管相一致，一个或几个性质相近的全宗群应当集中保存在相同的档案库房内。

全宗群不是具体对档案进行整理和统计的一个固定的实体单位，而是在档案管理中起指导和组织作用的一种形式和方法。

（三）全宗的编号

各个档案馆都保存有一定数量的全宗，为了便于各项工作的开展，除了要对全宗进行一定的组织外，还应给每个全宗编一个代号，称为全宗号。

全宗号是档号的组成部分，在档案数量、全宗数量增加以及检索工作发展的情况下，全宗号对于档案系统化整理、编目、检索有十分重要的作用。

1. 全宗编号规则

第一，对全宗进行编号，要考虑馆藏全宗的特点及管理的方便。根据全宗的类型和数量合理编号。

第二，应为新全宗的编号留有余地，避免因新入馆的全宗打乱整个编号体系。

第三，全宗号应力求简洁，方便实用，不能过于烦琐。

第四，全宗与全宗号之间一一对应，一个全宗只能有唯一的一个号码，便于统计和检索。全宗号数应能如实反映馆藏全宗数量和档案出处。

第五，已编好的全宗号不得任意更改，应保持其稳定性。即使某一全宗的全部档案都已移出，该全宗号亦不得挪作他用，以免发生混乱。

2. 全宗编号方法

对全宗编号的方法有很多且各不相同，归纳起来主要有序时流水编号法和体系分类编号法两类。序时流水编号法是按全宗进馆时间的先后顺序编号。这种编号方法简单实用，比较客观，适合全宗量不大、全宗类型较单一的档案馆采用。体系分类编号法是对全宗先进行一定的分类或分组，再编号。这种编号方法逻辑性、系统性强，层次分明，能反映全宗本身的性质和特点，但编制较复杂，其号码不易分辨和记忆。这种编号方法适合馆藏全宗数量大，全宗的时间、地域跨度大，类型复杂的档案馆采用。这两种全宗编号方法各有优缺点，具体应采用哪种方法来编号，档案馆应依馆藏全宗的状况而定。

全宗的编号与全宗在库房内的实际排列顺序有时一致，有时不一致。在一些规模较大、馆藏数量较多的档案馆，不一致的情况居多。全宗的排列可按全宗号顺序排列，也可按立档单位的历史时期、性质、所属系统、地区以及立档单位名称的音序或笔画排列。在我国，通常按全宗群来排列，即把同一时期、同一系统或相同性质的全宗排列在一起，以保持同类全宗之间的联系。一般来说，全宗的排列方法和次序对全宗的编号无决定性影响，当全宗在库房中的排放根据保管需要有所变动时，并不需要改变全宗号。但全宗号作为查找档案出处的一种手段，若与全宗的实际排列顺序相一致，则有利于迅速找到所需档案。

二、全宗内档案的分类

（一）全宗内档案系列的划分

划分系列在全部档案整理程序中是承上启下的环节。它不仅深化了由区分全宗开始的整序过程，而且为立卷及案卷排列等工作奠定了基础。分类必然是一个由总而细，从一般到个别的逻辑过程，如果不先分系列（或者说如果不事先拟订出全宗内的分类方案和分类规则并使文件据以自然地归类），反而先自下而上盲目地将文件组合堆砌成卷，势必造成各卷文件之间的交叉、重叠、混乱，以至于无法检索利用并使编目和统计难以进行。

划分系列包括选择分类方法、制订分类方案和文件归类等具体内容，它是在区分全宗的基础上进行的。两者的区别在于：区分全宗是站在宏观角度，以整个档案馆已经和将要收藏进馆的档案为受控客体，其目标是保证档案反映同一活动过程的完整性；划分系列则是站在微观角度以某一全宗内的全部档案为受控客体，其目标是改善全宗内文件数量多、内容杂又巨细不分、仍不便于检索的现状，使之分别归入相互联系、相互制约、层次分明、结构严谨的类别系列中去，从而有可能系统地提供利用。

（二）全宗内档案的分类

1. 全宗内档案的分类原则

全宗内档案分类总的原则是要科学、客观、符合逻辑，能反映档案的形成特点和规律。具体分类原则如下。

第一，根据全宗的性质和特点，选择适当的分类标准。能够恰如其分地揭示档案间的内在联系，使整个分类系统具有客观性，组成一个有机的整体，系统反映出立档单位的活动面貌。

第二，类目名称应含义明确，具有系统性，有合理的排列顺序。必要时，对类目所指范围和归类方法应有说明，以保证分类的一致性。

第三，分类层次简明，类目不宜过细、过多。一般来说，类目划分到二级至三级，使之能包容一定数量的案卷。另外，划分类别时应留有伸缩余地，以便随实际需要增加或减少类别。

第四，分类体系的构成应具有逻辑性，遵守逻辑划分规则。一次分类只能使用一个分类标准，子类外延之和正好等于母类外延，子类之间必须界限清晰，不能互相交叉，类目概念应明确。

2. 全宗内档案的分类标准

全宗内档案的分类标准主要有文件的时间、来源、内容三种，每一标准下又有不同的分类方法。

（1）按文件产生的时间分类

按文件产生的时间对全宗内档案进行分类，可用年度分类形成不同年份的档案，也可按立档单位在发展过程中形成的不同时期（或不同阶段）形成不同档案类别。

（2）按文件的来源分类

按文件的来源对全宗内档案进行分类，可按立档单位的内部组织机构形成不同机构的档案，也可按文件的作者形成不同类别的档案，还可按与立档单位有较稳定的来往通信关系形成不同档案类别。

（3）按文件的内容分类

按文件的内容对全宗内档案进行分类，可按文件内容所说明的问题（事由）分类，也可按文件内容所涉及的实物分类，还可按文件内容所涉及的地理区域分类。

3. 全宗内档案分类方案的编制

全宗内档案分类的表现形式是分类方案，它是用文字或图表形式表示一个全宗内档案分类体系的一种文件。当选用了某种联合分类法以后，就应该编制一份分类方案（又称为分类大纲）。分类方案的编制，应该注意以下几点要求。

（1）排斥性

分类方案中同级的各类地位相等，内容互相排斥（不能你中有我，我中有你），类的范围必须明确。比如，按问题分类，所设问题各类地位相等，不能相互包括。第一类中设教育类，同位类就不能再设高等教育、中等教育类，因为教育类包括高等教育、中等教育……只能把它们设为属类。同级中设有人事类，就不能再设干部任免类，同样道理，既然设财务类，也就不能再设经费类。

（2）统一性

在编制分类方案时，首先要确定采用何种分类方法。第一级采用哪种方法，第二级采用哪种方法，都应明确规定、标示清楚。而在同一级分类中，不能同时并列采用两种以上分类标准。比如，第一级分类是采用年度分类，就不能同时并列组织机构或问题名称。如果是采取两种分类法的联合，那么不仅分类的第一级是统一的，第二级也应该是统一的。比如，采用年度—组织机构分类法，第一级分类是年度，第二级分类是组织机构。

（3）伸缩性

档案是社会实践活动的产物，而社会实践活动是丰富多彩的。工作内容时而增加，时而减少，组织机构时而撤销，时而合并，因此，分类方案中的各类，均应留有伸缩的余地来增加或减少类别，以适应客观变化的需要。

为了使分类方案编制科学、实用，在编制分类方案前还应该做好调查研究工作，要查阅有关材料，了解立档单位的业务职责。对于立档单位的组织章程、办事细则、工作计划与总结都要认真分析研究，从中了解和掌握立档单位的工作性质、职权范围、业务职责，以便决定采取合适的分类方法；参考本单位原有档案，如果本机关已有旧卷，应该对原有档案分类基础做周密研究并吸取其合理部分，以补充与修正现有档案的分类方案；还应多方征求意见，分类方案经机关负责人批准施行。科学而实用的分类方案的形成，必须及时征求文书与业务承办人员的意见，集思广益，防止闭门造车。因为他们对文件的内容与成分比较熟悉，尤其是经办人员对事件、问题的处理过程，有更彻底的了解。分类方案实施以后，往往发生文件与分类方案不尽相符的情况，造成分类困难，应该随时交换意见，对分类项目或增或减，清除障碍，交领导人审核批准。

三、立卷和案卷排列

（一）立卷

全宗内档案分类并不以划分系列为其终结点。一个系列内众多的文件决定了必须进一步在其中分类，才能便捷地检索利用某一份文件。这种分类往往是通过立卷实现的。

档案不同于图书，单份文件是零散的、大量的，一般不宜作为独立的保管单位，而且，文件之间常有密切的联系，若将有联系的文件随意分开，将会失去其原有价值。所以，人们在整理档案时，将若干互有联系的文件组合成一个有机整体，称“案卷”，将文件编立成案卷的过程称“立卷”或“组卷”。

案卷是密切联系的若干文件的组合体，它是档案基本的保管单位。通常也是统计档案数量和进行检索的基本单位之一。案卷是组成全宗的基本单位。立卷是档案整理工作的重要基础，立卷工作的好坏、案卷质量如何，是衡量档案整理工作水平的重要标志。

立卷工作的内容包括组成案卷单位，拟写案卷标题，卷内文件的排列与编号，填写卷内文件目录与备考表，案卷封面的编目与案卷的装订等。目前，我国文书档案基本的立卷方法是“六个特征立卷法”，即根据文件在问题、作者、时间、名称、地区和通讯者特征六个方面的共同点将文件组合成案卷的方法。比如，把同一个作者的文件组成一卷;把同一个会议的文件组成一卷等。按照文件的六个特征立卷时，一般不单一地采用某个特征组成案卷，而是综合分析文件之间的关系，选择其中最能说明客观情况的几个特征作为组卷的依据。在实际工作中还有一些其他的立卷方法，如将文件按照“事”或“件”组卷的“立小卷法”以及“四分四注意立卷法”等，都具有各自的特点，也是比较适用的立卷方法。

（二）编制卷内文件目录

卷内文件目录是固定立卷成果、揭示卷内文件内容、检索卷内文件的工具，应放在卷内文件之首。从性质上分析，编制卷内目录属智能控制范畴。如果用计算机编目，应该先对每份卷内文件进行著录，然后将著录结果按档号排序，以卷为单位打印成书本式目录，即成卷内目录。在手工条件下，这道工序可暂时按传统习惯，包括在立卷过程中，即在案卷编好页码后，于专门印制的表格上，按照排就的顺序，对每份文件逐项著录。其著录项目，按目前的习惯做法是：文件责任者、文件题名（或内容摘要）、文件字号、文件日期、文件份数、文件在卷内的页码、备注等。

（三）案卷排列与编号

全宗内档案（或档案馆、档案室接收的案卷），经分类、立卷以后还必须进行系统的排列。全宗内各类的序列，已在分类方案中排定，所以，通常所说的案卷排列，就是根据一定的方法，确定每类内案卷的前后次序和排放的位置，保持案卷与案卷之间的联系。案卷排列方法有以下几种。

第一，按照案卷所反映的工作上的联系来排列。

第二，按照案卷内容所反映的问题来排列。

第三，按照案卷的起止日期（时间）来排列。

第四，按照案卷的重要程度排列。

第五，按照文件的作者、收发文机关以及文件内容所涉及的地区排列。

第六，人事档案或监察、信访等按人头立成的案卷，可以按姓氏笔画、汉语拼音字母顺序或四角号码等方法排列。

上述几种排列方法可以单独使用，也可结合使用。对于不同类型、不同保管期限的档案，在案卷排列中应予以区分。

案卷排列完后应按排列次序编上案卷号，固定案卷的排放位置，案卷号作为档号的组成部分可提供案卷的出处。现行单位大多采取一个组织机构的案卷每年编一个顺序号的办法，或是整个单位一个年度的全部案卷编一个顺序号。历史档案、撤销单位的档案不再形成新的档案，可把一个全宗内所有的案卷统一编号。

四、编制档号

档号是档案馆（室）在整理和管理档案过程中，以字符形式赋予档案的代码。档号通常包括全宗号、案卷目录号、案卷号、件号、页号，档号主要是表示类别及其相互关系的一组符号。在档案的整理、统计、检索、提供利用以及库房日常管理等业务活动中都要运用和借助档号。这几种编号，不仅对档案的管理和提供利用有着现实的、制约的作用，而且对于档案工作的规范化和现代化也是不可忽视的一个方面。

具体来看，全宗号一般用四个符号标志，其中，第一个符号用汉语拼音字母标志全宗档案门类，另三位代码用阿拉伯数字标志某一门类全宗顺序号。全宗号一经编定，就不要轻易变动，档案馆内的全宗号应该是固定不变的，即使某一个全宗全部移交出去了，该全宗号在档案馆内仍然保留着。全宗号有三种编法：一是按系统编号，如政法、工交、农林、财贸、文教、科技等；二是按立档单位的重要程度编号；三是按进馆档案的先后顺序编号。实践证明，前两种方法对于同时进馆的全宗是适用的，但是有新的全宗进馆，就会被打乱或冲破；第三种方法简便易行，比较实用。

案卷目录号一般采用流水顺序编号法，必要时可在顺序号前加上表示档案保管期限、载体形态等特征的代字。如“永 13”表示确定为永久保管的第 13 号目录。每一案卷目录所含案卷数量不超过 100 卷时，不另立案卷目录。案卷目录内案卷数量超过 999 卷时应另立案卷目录，另编案卷目录号。

案卷号是管理档案中最常用的基本代号，是著录案卷目录内每一案卷的流水编号，因此，确定案卷号要确定卷内每个案卷的前后次序和排列位置。

件号或页号是文件立卷以后，进行卷内文件的排列，给每份文件以固定的位置，用数字固定文件前后次序的代号。案卷不装订成册时应编制件号，其间不许有空号。

第三章 档案的著录、标引及检索

第一节 档案的著录

档案信息组织与检索是对包含在档案中的信息进行描述和揭示，使之有序化和系统化，编制档案检索工具，建立档案信息检索系统，提供档案利用。档案信息组织与检索不同于档案实体管理，它不局限于档案实体整理体系，能够打破全宗的界限，以整个馆藏为对象，提供多途径的检索服务，为档案信息资源的开发和利用奠定基础。

档案著录，是对档案内容特征和形式特征进行分析、选择和记录的过程。档案内容特征，是指文件或案卷所论述的主题内容；档案形式特征，是指文件或案卷的时间、数量、责任者、文种、载体等有关内容。揭示档案内容特征和形式特征的记录事项称为著录项目；档案著录的结果，称为条目，它是反映文件（案卷）内容与形式特征的著录项目的组合；由揭示档案特征的条目汇集而成，并按照一定次序编排的条目组合，称为档案目录。在著录项目中，分类号、题名、主题词、文号等特征常被用来选作标目，标目是排列条目顺序的依据及档案检索的媒介，标目的名称决定了条目和目录的名称。

一、著录项目

著录项目是揭示档案内容特征和形式特征的记录事项。《档案著录规则》根据各种类型档案著录和目录编制的特点，将著录项目规定为七大项，在各大项下设若干小项。

（一）题名与责任说明项

包括正题名、并列题名、副题名及说明题名文字、文件编号、责任者、附件六个小项。

（二）稿本与文种项

包括稿本与文种两个小项。文件的稿本反映了文件的形成过程，不同稿本在形式、作用、有效性等方面都有差异，据此可鉴别文件的价值和可靠程度，是利用者识别和选择档案材料的重要线索之一。

（三）密级与保管期限项

包括密级与保管期限两个小项。密级反映文件内容的机密程度，便于控制文件的利用范围。保管期限是根据档案价值确定的档案应该保存的时间。

（四）时间项

时间是指文件的形成时间和案卷内文件的起止时间，它能够帮助人们了解文件产生的时代背景，对于深入理解文件内容，正确判断档案价值，具有重要意义。

（五）载体形态项

包括载体形态、数量及单位、规格三个小项。

（六）附注与提要项

包括附注和提要两个小项。附注指各著录项目中需要补充和说明的事项。提要是对文件和案卷内容的简介和评述，是利用者了解档案内容，选择所需档案的依据。

（七）排检与编号项

排检与编号项是目录排检和档案馆（室）业务注记项。它是在档案加工和整理过程中所形成的各种号码和标识，包括分类号、档案馆代号、档号、电子文档号、缩微号、主题词或关键词六个小项。它是编排目录、指明档案存址、进行检索的主要途径，有着很重要的查检作用。

二、著录格式

著录格式是构成条目的各个著录项目在载体上的排列顺序及其表达方式。《档案著录规则》规定，一般可采用段落符号式，实际工作需要时也可以使用表格式。所谓段落符号式，是将著录项目划分为四个段落，每个著录项目之间用特定的标识符号区分开来。段落符号式的优点是每一著录项目的字数不受限制，而且采用通用的标识符号分割各个项目，便于识别不同的著录事项，克服不同语言间的障碍，与国际通用的著录规则和我国国家标准《文献著录总则》的规定一致，有利于信息交流和资源共享。表格式是将著录项目名称及填写位置印刷成表格，虽然比较直观，但是每一著录项目字数受到表格的限制。

第一，段落符号式条目格式将著录项目划分为四个段落。第一段落中分类号、档号分别置于条目左上角的第一、二行，档案馆代号、缩微号分别置于条目右上角第一、二行，电子文档号置于第二行的中间位置。第二段落从第三行与档号齐头处依次著录题名与责任说明项、稿本与文种项，密级与保管期限项、时间项、载体形态项、附注项，回行时，齐头著录。第三段落另起一行空两格著录提要，回行时与一、二段落齐头。第四段落另起一行齐头著录主题词或关键词，各词之间空一格。

第二，实际工作需要使用表格式条目时，其著录项目应与段落符号式相同，其排列顺序可参照段落符号式。

第三，无论著录对象为单份文件、单个案卷还是一组文件或一组案卷，均按此格式著录。

第四，著录条目的形式为卡片式时，卡片尺寸一般为 12.5cm ×7.5cm ，著录时卡片四周均应留 1cm 空隙，如卡片正面著录不完，可接背面连续著录。

三、著录用标识符号

为识别各著录项目、单元（小项）及其内容，可添加如下规定的标识符。

“—”置于下列各著录项目之前：稿本与文种项、密级与保管期限项、时间项、载体形态项、附注项。

“=”置于并列题名之前。

“: ”置于下列各著录单元之前: 副题名及说明题名文字、文件编号、文种、保管期限、数量及单位、规格。

“/”置于第一个责任者之前。

“; ”置于多个文件编号之间、多个责任者之间。

“, ”用于相同职责、身份省略时的责任者之间或同一责任者的不同职责、身份之间。

“+”置于每一个附件之前。

“▯”置于下列著录内容的两端：自拟著录内容、文件编号中的年度、责任者省略时的“等”字。

“ () ”置于下列著录内容的两端：责任者所属机构名称、责任者真实姓名、责任者职责或身份、外国责任者国别及姓名原文、中国责任者时代、历史档案中的朝代纪年、农历、地支代月、韵目代日转换后的公元纪年。

“? ”用于不能确定的著录内容，一般与“ [ ] ”号配合使用。

“…”用于节略内容。

“□”用于每一个残缺文字和未考证出时间的每一数字，未考证出的责任者及难以计数的残缺文字用三个“□”号。

“—”用于下列著录内容之间：日期起止和档号、电子文档号、缩微号各层次之间。

著录用标识符使用说明如下：

(1) 除“题名与责任说明项、排检与编号项”外，各项目连续著录时，其前均冠“.—”。如遇回行，不可省略该标识符。但各项目另起段落著录时，则可省略该标识符。

(2) “.—”符占两格，在回行时不应拆开；“；”和“，”各占一格，前后均不再空格。

(3) 如某个项目缺少第一个单元（小项）时，应将现位于首位的单元原规定的标识符改为“.—”。

(4) 凡重复著录一个项目或单元时，其标识符也须重复。

(5) 不著录的项目或单元，其标识符应连同该项目或单元一并省略。

四、著录用文字和著录信息源

著录用文字必须规范化。汉字应使用规范化的简化汉字。外文与少数民族文字应依照其文字规则书写。文件编号项、时间项、载体形态项、排检与编号项中的数字应使用阿拉伯数字。图形及符号应照录，无法照录的可改为其他形式的相应内容，并加“[]”号。

著录信息来源于被著录的档案。单份或一组文件著录时主要依据文头、文尾。一个或一组案卷著录时主要依据案卷封面、卷内文件目录、备考表等。被著录档案本身信息不足时，参考其他有关的档案资料。

五、著录细则

（一）题名与责任说明项

1. 题名

题名，又称标题、题目，是表达档案中心内容、形式特征并使其个性化的名称。题名包括正题名、并列题名、副题名及说明题名文字。

(1) 正题名

档案的主要题名，一般指单份文件文首的题目和案卷封面上的题目名称。正题名照原文著录。需要注意的是：没有题名的单份文件依据其内容拟写题名，并加“[]”号；单份文件的题名不能揭示内容时，原题名照录，并根据其内容另拟题名附后，加“[]”号；单份文件的题名过于冗长时，在不丢失重要信息和不损伤原意的情况下，可删去冗余部分，节略内容用“…”号表示；案卷题名不能揭示案卷内容或过于冗长时，一般应重新拟写，将原案卷题名修改好后再著录。但是不可动辄重新拟写，特别是历史档案，原案卷题名的用词用语具有时代特征，一般不宜随意更改。

（2）并列题名

以第二种语言文字（如外文、少数民族文字）书写的与正题名对照并列的题名，必要时并列题名与正题名一并著录，便于按两种不同的文字进行检索。并列题名前加“=”号。

（3）副题名及说明题名文字

解释或从属于正题名的另一题名。必要时副题名照原文著录，当正题名能够反映档案内容时，副题名不必著录。副题名前加“：”号。

说明题名文字是指在题名前后对档案内容、范围、用途等的说明文字，必要时照原文著录，其前加“：”号。

（4）文件编号

文件编号是文件制发过程中由制发机关、团体或个人赋予文件的顺序号，包括发文字号、科研实验报告流水号、标准规范类文件的统编号、图号等。文件编号照原文著录，其前加“：”号。

2. 责任说明

责任说明著录责任者。责任者也称为作者，是指对档案内容进行创造、负有责任的团体或个人。

第一，责任者只有一个时照原文著录，其前加“/”号。

第二，责任者有多个时，著录列居首位的责任者，立档单位本身是责任者的必须著录，其余视需要著录。被省略的责任者用“[等]”字表示。第一责任者之前加“/”号，责任者之间以“；”号相隔，职责或身份相同的责任者之间以“，”号相隔。例如，“/国家计委；财政部；商业部[等]”“/中共北京市委办公室，北京市人民政府办公厅”。多个责任者具有同一职责或身份又必须著录时，可将职责或身份置于最末一个责任者后的“()”中，责任者之间用“，”号相隔。

第三，机关团体责任者必须著录全称或不发生误解的通用简称。

第四，历史政权机关团体责任者，其前应冠以朝代或政权名称，并加“()”号，以便于了解该机构的所属朝代，并区分不同历史时期相同名称的机构。

第五，个人责任者一般只著录姓名，必要时在姓名后著录职务、职称或其他职责，并加“()”号。文件所署个人责任者有多种职务时，只著录与形成文件相对应的职务。

第六，清代及其以前的个人责任者应冠以朝代名称，并加“()”。

第七，少数民族个人责任者称谓各民族有差异，著录时应按少数民族的署名习惯著录。

第八，外国责任者姓名前应著录相应历史时期易于识别的国别简称，其后著录统一的中文姓氏译名。必要时著录姓氏原文和名的缩写。国别、姓氏原文和名的缩写均加“()”号。

第九，文件所属个人责任者为别名、笔名时，均照原文著录，但应将其真实姓名附后，并加“()”号。

第十，未署名责任者的文件，应著录根据其内容、形式特征考证出的责任者，并加“[]”

号；经考证仍无结果时，以三个“□”代之，著录为“□□□”。

第十一，文件责任者不完整时，应照原文著录，将考证出的完整责任者附后，并加“［］”号。

第十二，文件的责任者有误时，仍照原文著录，但应将考证出的真实责任者附后，并加“□”号。

第十三，考证出的责任者证据不足时，在其后加“？”号，一并录于“［］”号内。

3. 附件

附件是指文件正文后的附加材料。有些附件是正文的重要补充和说明，不可忽视。附件只著录题名，其前冠以“+”号。文件正文后有多个附件时应逐一著录各附件题名，各附件题名前均冠以“+”号。例如：“+ 工程项目单 + 北平市立中小学校校舍修缮工程标准说明书”。如附件题名过长也可简略，其节略内容用“…”号表示，自拟附件题名加“［］”号。

如果附件题名具有独立检索意义，亦可另行著录条目，并在附注项中说明。

（二）稿本与文种项

第一，稿本是指档案文件的文稿、文本和版本，稿本依实际情况著录为草稿、定稿、手稿、草图、原图、底图、蓝图、正本、副本、原版、试行本、修订本、影印本、各种文字本等，其前加“.—”号。

第二，文种是指文件种类的名称。文种依实际情况著录为命令、决议、指示、通知、报告、批复、函、会议纪要、说明书、协议书、鉴定书、任务书、判决书、国书、照会、诰、敕、奏折等，其前加“：”号。

（三）密级与保管期限项

1. 密级

是指文件的机密程度，密级依《文献保密等级代码》划分为 6 个级别。

密级一般按文件形成时所定密级登录，公开级、国内级可不登录，对已升、降、解密的，应著录新的密级，其前加“.—”号。

2. 保管期限

是指根据档案价值确定的档案应该保存的时间，一般按案卷组成时所定的保管期限著录，其前加“：”号，对已更改的应著录新的保管期限。

（四）时间项

时间项视不同著录对象，分为文件形成时间、卷内文件起止时间等，其前均加“.—”

号。以单份文件为对象著录一个条目时，著录文件形成时间；以一组文件或一卷、一组案卷为对象著录一个条目时，著录文件起止时间，即其中最早和最迟形成的文件的时间，其间用“—”号连接。

第一，文件形成时间一般按以下规则著录：公私文书、信札为发文时间；决议、决定、命令、法令、规程、规范、标准、条例等法规性文件为通过或发布时间；条约、合同、协议为签署时间；技术评审证书、技术鉴定证书、转产证书为通过时间；获奖证书、发明证书、专利证书为颁发时间；科研实验报告、学术论文为发表时间；工程施工图、产品加工图为设计时间；竣工图为绘制时间；原始实验记录、测定检验报告为记录时间。

第二，时间项一律用八位数表示，第 1 ～ 4 位数表示年，第 5 ～ 6 位数表示月，第 7 ～ 8 位数表示日。

第三，历史档案中的朝代纪年、农历、地支代月、韵目代日，应照原文著录，同时，将换算好的公元纪年附后，并加“（）”号。

第四，没有形成时间的文件，应根据其内容、形式等特征考证出形成时间后著录，并加“［］”号。例如，“.—[19630124]”。

第五，文件时间不完整或部分时间字迹不清时，仍著录原文时间，原时间中缺少或字迹不清部分以“□”代之，再将考证出的时间附后，并加“［］”号。

第六，文件时间记载有误或有疑义时，仍照原文著录，再将考证出的时间附后，并加“［］”号。

第七，文件形成时间考证不出时，著录为“□□□□□□□□”，亦可著录文件上的收文时间、审核时间、印发时间等其他时间，但应在附注项中说明。

第八，如果考证出的时间根据不足时，在其后加“？”号，一并著录于“［］”号内。

第九，著录起止时间时，无论是本年度或跨年度都要著录完整，不能省略年度。

（五）载体形态项

该项包括载体类型、数量及单位、规格三个小项。

第一，档案的载体类型分为甲骨、金石、简牍、缣帛、纸、唱片、胶片、胶卷、磁带、磁盘、光盘等。以纸张为载体的档案一般不著录，其他载体类型据实著录，并加“.—”号。

第二，数量用阿拉伯数字，单位用档案物质形态的统计单位进行著录，如“页”“卷”“册”“张”“片”“盒”“米”等，其前加“：”号。

第三，规格是指档案载体的尺寸及型号等，其前加“：”号。例如，“.—5 页：260mm×184mm”“.—磁盘：4 片：3.5 英寸”。

（六）附注与提要项

附注项是著录各个项目中需要解释和补充的事项，依各项的顺序著录。著录时有则录，无则免，除确系需要外，一般可不著录。项目以外需要解释和补充的列在其后。附注项前加“.—”号，各附注项内容之间亦用“.—”号分隔。如每一附注都分段著录时，可省略该标识符。各项附注中使用的标识符可与各著录项目使用的符号相一致。各著录项目中需要说明的事项主要有以下几个方面。

1. 题名附注

注明同一文件的不同题名或其他称谓。

2. 责任者附注

注明考证出责任者的依据和责任者项未著录责任者的数目或名称。

3. 时间附注

注明考证出时间的依据。著录非文件形成时间时应注明为何种时间。

4. 载体形态附注

注明载体形态的破损、残缺、变质及字迹褪变等情况。

著录项目以外需要注明的事项主要有以下几方面。

第一，被著录文件的不同稿本。

第二，被著录文件另有其他载体形式应予注明。

第三，被著录文件的来源为捐赠、购买、交换、复制、寄存等情况时应予注明。

第四， 被著录文件经考证为赝品者应予注明。

第五，与被著录文件关系密切的相关文件应予注明。

第六，需要注明的其他事项，如科研课题的获奖情况、音像档案的播放时间等。

提要项是对文件和案卷内容的简介和评述，应力求反映其主要内容、重要数据（包括技术参数等），简明扼要，准确清楚，文字流畅。提要在附注之后另起一段空两格著录，一般不超过 200 字。

（七）排检与编号项

排检与编号项是目录排检和档案馆（室）业务注记项。该项包括分类号、档案馆代号、档号、电子文档号、缩微号、主题词或关键词六个小项。

第一，分类号依据《中国档案分类法》和《档案分类标引规则》的有关规定著录，置于条目左上角第一行。

第二，档案馆代号依据《编制全国档案馆名称代码实施细则》所赋予的代码著录，置于条目右上角第一行。档案馆代号在建立目录中心或报道交流时必须著录。

第三，档号是指档案馆（室）在整理或管理档案的过程中赋予档案的一组代码。文书档案通常包括全宗号、案卷目录号、案卷号、件号或页号，某些科技档案包括具有检索意义的专业号、工程号、专题号、产品型号等编号。档号著录于条目左上角第二行，与分类号齐头，各号之间用“-”号相隔，占半格。

第四，电子文档号是档案馆（室）管理电子文件的一组符号代码，著录于条目第二行中间位置。

第五，缩微号是档案缩微品的编号，著录于条目右上角第二行，与档案馆代号齐头。

第六，主题词或关键词。主题词是在标引和检索中用以表达档案主题的规范化的词或词组，关键词是取自文件题名或正文，用以表达档案主题并具有检索意义的未经规范的词或词组。主题词按照《档案主题标引规则》《中国档案主题词表》及本专业、本单位的规范化词表进行标引。主题词或关键词在附注与提要项之后，另起一行齐头著录。各词之间空一格，一个词或词组不得分作两行书写。

第二节 档案标引与检索语言

档案标引是对文件或案卷的内容进行主题分析，根据检索语言赋予检索标识的过程。档案检索语言主要有分类法和主题法两种。依据分类法给予分类号标识的过程称分类标引，依据主题法给予主题词标识的过程称主题标引。所谓主题，是指档案文献所记载和涉及的具体对象与问题，即档案的中心内容。

一、档案标引程序

档案标引的基本程序如下：

第一，审读文件、案卷，了解档案所论述的内容。主要通过题名来确定档案主题，如果题名不能确切反映文件内容和成分，再查阅正文、文头、文尾和附加标记等，力求准确把握档案的主题。

第二，进行主题分析，确定主题类型与结构。

第三，查表，转换主题概念。将档案的主题概念分析出来后，即可从档案分类表和主题词表中选定相应的分类号和主题词进行概念转换，对于多主题的档案应该分解成几个单主题进行标引。

第四，给出档案标识，即给出分类号或主题词。

第五，做标引记录。对标引的结果以及标引中所处理的某些问题（如增删主题词等）进行记载，以不断提高标引质量。

第六，校对审核。主要审核主题分析是否全面、准确，主题概念的转换是否符合标引规则，标引记录有无差错等。

二、档案主题分析

档案主题分析，是根据档案标引和检索的需要，依据一定方式，对档案内容进行分析，提取档案主题概念，确定档案主题的类型与结构的过程。主题分析的质量如何，直接关系到档案标引的效果乃至整个档案检索系统的检索效率。

（一）档案主题分析的依据

分析档案主题的依据主要为档案题名、文件版头、附加标记乃至正文等，其中档案题名是作者对档案中心内容的概括，一般都能准确反映档案的内容和性质，但也有一些档案题名不能准确表达档案的中心内容，所以，题名不能作为档案主题分析的唯一依据。此时就需要查阅文件版头和附加标记。文件版头包括作者、收文机关、文件字号、时间、密级等内容，通过它有助于明确文件的具体内容、使用范围及参考价值等。当从标题、文件版头和附加标记还不能判定档案主题时，就有必要浏览正文。通过翻阅档案正文可以了解其撰写目的、中心内容，从而确定档案论述和研究的主题。

而在实际标引中，在绝大多数情况下，以档案题名为主要依据基本上就能迅速、准确地判定档案的主题。这主要是由于题名的拟写有比较严格的规定和要求，形成了档案题名规范性的特点。普通档案题名一般由作者、事由、文件（案卷）名称三部分组成，并标明了发文机关名称，其中含有大量可供检索的内容特征和形式特征，基本能反映档案的主题。

（二）档案主题分析方法

1. 对主题类型的分析

依主题数量，档案主题类型可分为单主题与多主题两种。只记录或阐述一个事物或一个问题的档案，称单主题档案，如经济作物、档案馆建筑设计等；论述两个或两个以上事物或问题的档案，称之为多主题档案，如棉花和大豆的种植与销售等。对多主题档案应分解为几个单主题分别进行分析。

依主题的构成因素，可分为单一主题和复合主题。单一主题是指由一个主题因素构成的主题，如农作物、图书馆等，论述的是一个特定的事物对象或问题，分析时只须将该主题概念析出即可；复合主题是指由若干个主题因素结合构成的主题，如大气污染的防治、中国机构改革现状等，对复合主题须深入分析其结构及主题因素之间的相互关系。

依主题的重要程度，可分为主要主题和次要主题。在进行主题分析时，应重点分析主要主题，根据标引的需要对其做充分的提炼，而对次要主题，则应根据它的实际标引价值决定取舍。

依对主题表达的明确程度，可分为显性主题和隐性主题。显性主题是作者明确阐述的主题；隐性主题是作者未直接加以表达，而是隐含于档案内容之中的主题。对显性主题的分析较为容易，可根据档案题名或正文直接提取主题概念，而隐性主题则易漏标，须在深入了解档案内容的基础上进行分析和提炼。

2. 对主题结构的分析

主题结构是指构成主题的因素（主题因素）以及这些主题因素在主题中的作用和相互关系。单一主题结构简单，只由一个主题因素构成，而复合主题结构复杂，一般由几个主题因素构成，因此，分析主题结构，主要是针对复合主题而言。主题因素分为以下五种：

（1）主体因素

即文件或案卷中论述的关键性主题概念，是主题中的核心部分。凡具有独立检索意义的主题概念，都可作为主体因素。

（2）通用因素

即构成主题的通用概念。凡是没有独立检索意义的一些主题概念因素，如研究、方法、设备、总结等，均为通用因素。它们一般不能做检索入口，在主题中主要对主题因素起细分作用，用以补充说明主体因素。

（3）位置因素

即档案所论述的对象所处的空间、地理位置等主题因素，它对主体因素所在的空间、地理位置起限定作用。

（4）时间因素

即档案所论述的对象所处的时间范围的主题因素，如朝代、年代、年度等，它也对主体因素起限定和修饰作用。

（5）档案类型因素

即表示档案种类或文件名称的主题概念，如会议记录、指示、通知、报告、通报、命令等。

按照上述五种主题因素的重要程度进行组配，次序如下：主题因素—通用因素—位置因素—时间因素—档案类型因素，不同档案主题所包含的主题因素多少不同，应根据标引深度的要求选择应该标引的主题概念。

3. 对主题因素间相互关系的分析

主题因素之间的相互关系主要有下面几种：

（1）限定关系

表示事物与事物的某一属性及方面，如“汽车的保养”。

（2）交叉关系

表示具有概念相交关系的同级事物或对象，如“水生哺乳动物”。

（3）应用关系

表示某种科学、原理、方法、材料、设备、工艺等在某方面的应用，如“激光技术在医学中的应用”。

（4）影响关系

表示某事物对另一事物的影响，如“环境污染对生物的影响”。

（5）因果关系

表示某事物是另一事物的原因或结果，如“大气污染的危害”。

（6）比较关系

表示两个或两个以上主题因素之间的比较，如“国有经济与个体经济”。

三、档案分类标引与档案分类法

（一）档案分类标引的基本规则

第一，档案分类标引须依据档案分类原则，以档案的职能特性及其他特性为依据，对档案文件进行周密的主题分析，查明文件所论述的对象属什么类别。

第二，应根据档案分类表及其使用规则，辨明类目的确切含义，不能脱离类目之间的联系和类目注释的限定来孤立地判定类目的含义。

第三，档案分类标引须符合专指性要求，分入最切合档案内容的类目，只有当分类表中无恰当的类目时，才能分入上位类或相关类，并做出记录，以保证标引的一致性。

第四，档案分类标引应提供必要的检索途径，为充分发挥档案的作用创造条件。当一份文件或案卷涉及两个以上主题时，可标引一个以上的分类号。

第五，档案分类标引的内容必须是文件或案卷中比较具体地论述了的，有一定参考价值，可以成为检索对象的。具备了上述条件的不予标引，为标引不足；未具备上述条件而给予标引，则为标引过度。总之，应进行适度标引，保证较高的检索效率。

（二）档案归类方法

1. 单主题档案的归类

第一，只记录或阐述一个事物或一个问题，内容比较专一的单主题档案，依其内容的职能性质归类，如“关于开展党员培训的通知”归入“A 242 党员培训”。

第二，从不同的方面来论述同一事物的档案，应按分类表中有关集中与分散的要求，归入相应类目。如棉花的生产和购销分别归入“M A 21 农作物业生产”和“LA 2 商品购销”。分类号标引为“M A 21+LA 2”。

第三，论述同一事物的两个或两个以上方面的档案，若论述的方面是属于同一职能同一类别的，应归入其上位类，如“知识分子入党和提干问题”归入“A 2”组织类；若属于不同职能类别的，依档案论述的事物的主要方面归类，如“关于稳定物价加强物价检查监督的通知”归入“JF 51”物价监督检查类。

第四，从几种职能工作角度综合论述一个主题的档案，按其主要职能归类，如“工青妇组织和党政部门关心大龄未婚青年”归入“CA94”民政类。

2. 多主题档案的归类

一份档案论述两个或两个以上主题时，标引时应分析各主题之间的关系，确定给予一个或几个分类号。

（1）并列关系

三个以下并列主题，应分别给予分类号，如“水资源和生物资源保护”，分别给予两个分类号“MA2832”和“MA2833”。如果并列主题超过三个，又属于同一上位类，则归入其所属上位类，如一份档案论述了函授、夜大、电大、自学考试等内容，应归入其上位类“GE6 成人教育”。

（2）从属关系

即上下位类关系，一般归入上位类，如“职业技术教育与中专教育”归入“GE4 职业技术教育”。如果两个具有从属关系主题中重点论述的是较小主题时，则归入下位类，如“档案事业与企事业档案工作”重点论述企事业档案工作方面的内容，则归入“GA414 企、事业档案工作”。

3. 多因素主题档案的归类

（1）因果关系

按结果一方归类，如“由于忽视航空安全检查造成××飞机失事的调查报告”归入“PD23312 飞行事故调查分析”。

（2）影响关系

一般按受影响一方归类，如“新技术革命对档案事业的影响”归入“GA4I档案事业”；如果论述一事物在各方面影响的，则依发生影响的主题归类，如“计算机科学技术对电子工业的影响”归入“NK 电子工业”。

（3）应用关系

按应用到的主题归类，如“计算机在工程和技术科学中的应用”归入“HE 工程和技术科学”；如果是综合论述一主题在各方面应用的情况，则按被应用的方面归类，如“微型计算机在图书情报和档案工作中的应用”归入“NK24U1418 微型数字计算机”。

（4）比较关系

一般按作者所要阐明的主题归类，如“农村集体所有制与个人所有制的比较”，作者重点阐述的是个人所有制，归入“JC941213 农村个人所有制”。必要时，也可将被比较的几方面分别归类。

（三）《中国档案分类法》

档案分类法，是以国家机构和社会组织从事社会实践活动的职能分工为基础，按照档案的内容和特点，分门别类组成的科学体系。它是对概括档案内容特征的概念进行逻辑分类和系统排列形成的一种概念标识系统。档案分类法的表现形式是档案分类表。档案分类表是进行档案分类标引的依据，用于编制分类检索工具，提供分类检索途径。档案分类法以职能分工为主要分类标准，并结合档案记述和反映的事物的属性，选择其他辅助分类标准，如行业分类、载体分类、学科分类等。档案是人类社会实践活动的历史记录，而人类社会实践活动是以国家机构、社会组织和个人的职能分工形式来进行的，因此，职能特性是档案特有的最主要的属性，以职能分工为基础建立起来的分类体系能反映出社会实践分工情况，与档案实体的全宗管理原则相协调，具有稳定性和客观性，也便于档案利用者有效地检索和利用档案。职能分工原则是档案分类法区别于其他文献分类法的主要标志。

在体例上，档案分类法采用的是体系分类法的原理。所谓“类”，是许多具有某种共同属性的事物的集合。用以表示一类事物的名称，称为类名，在文献分类中，称为类目。类目是分类法的基本单位，类目的代号称为分类号，分类法是以分类号作标识，按分类号的顺序排列的。类是可分的，一事物除了具有与同类事物共同的属性外，还具有其他属性，因此，可以用另外的属性作为分类标准对一类事物进行划分，即分类。经过一次划分所形成的一系列概念称为子类或下位类，被划分的概念称为母类或上位类，它们之间的关系是隶属关系，各子类之间互称同位类，它们之间是并列关系。分类可以连续进行，经过一次划分所得的子类，还可以用其他分类标准再次划分。这样层层划分，层层隶属，便构成了一结构严密的等级体系。

《中国档案分类法》由编制说明、基本大类一览表、简表、详表（主表）、辅助表（复分表）等部分构成。

1. 基本大类一览表

《中国档案分类法》的基本大类一览表共分为 19 个大类。排列如下：

A 中国共产党党务

B 国家政务总类

C 政法

D 军事

E 外交

F 政协、民主党派、群众团体

G 文化、教育、卫生、体育

H 科学研究

J 计划、经济管理

K 财政、金融

L 贸易、旅游

M 农业、林业、水利

N 工业

P 交通

Q 邮电

R 城乡建设、建筑业

S 环境保护、土地管理

T 海洋、气象、地震、测绘

U 标准、计量、专利

2. 详表

详表是分类法的正文，由类目、类目之间的关系、标记符号、注释组成。

第一，类目是分类法的基本单位，《中国档案分类法》第 2 版共有 10 万条类目。

第二，类目之间的关系。分类法主要通过主表的等级结构来表达类目之间的相互关系。

第三，标记符号。《中国档案分类法》采用汉语拼音和阿拉伯数字相结合的混合号码制，数字的数位一般表示类目的级位，并能显示类目之间的各种逻辑关系，基本上遵循了层累制的编号原则。当同位类过多时，灵活采用了八分法和双位制的编号法。

所谓八分法又称为“扩九法”，它用前 8 位数字 1 ～ 8 表示 8 个同位类，当同位类超过 8 个时，第 9 个同位类开始展开，不用 9 而用 91，第 10 个同位类用 92……直到第 16 个类目用 98，第 17 个类目若不扩展用 99，若继续扩展从第 17 个同位类目分别用 991，992，993……998 来标记。

双位制又称为“百分法”，是为了缓解类列扩展与符号基数不足之间的矛盾而采用的一种编号方法。具体做法是，当一个类目展开的下位类太多时，第一类不用 1，而用 11；第二类不用 2，而用 12；第三类不用 3，而用 13……第九类不用 9，而用 19；第十类不用 20，而用 21；第十一类用 22……

为了补充基本类号的不足，《中国档案分类法》采用了以下辅助符号，用以表达类目的特定含义。

①“+”并列符号。为了适应分类标引的需要，对有并列关系的多主题档案进行标引时，需要赋予多个分类号，其间用“+”号相连，以便把多主题档案的类号组配起来。如：×× 县第 × 届人大代表赴乡、镇视察与调研的文件材料，分类标引结果为“BA17+BA15”。

②“：”关联符号。又称组配符号。它将主表中两个或两个以上类目的号码组成一个复合类号，用以表达一个复杂的主题概念。如：×× 中学关于学生饮水卫生情况的调查报告，分类标引结果为“GE23：GF55224”。

③“-”综合复分号。凡依综合复分表复分，必须标记此符号，使用时将置于综合复分号码之前，与主类号连接。

④“（）”世界各国和地区复分号。主要用于区分世界各国和地区，使用时用“（）”

标识将国家、地区复分号码括起来，与主类号相连。

⑤“[]”中国地区复分号。用于区分中国地区。使用时将中国地区复分号码用“[]”括起来，与主类号相连。

⑥“《》”民族复分号。主要用于区分民族，使用时将民族复分号码用“《》”括起来，与主类号相连。

⑦“()”科技档案复分号。使用方法同上。

⑧“•”专类复分号。用于对主表中特定类目的复分，使用时将“•”置于专类复分号码之前，接在主类号之后。

⑨“=”专用复分号。中华人民共和国档案分类表在外交、文化、新闻通信、教育、卫生、国内贸易、对外贸易、农业、煤炭、铁路、公路、水陆等大类（或二级类目）后，设有专用复分表。使用时，将专用复分表的号码用复分符号“=”接在主表的分类号码之后。

⑩“〔〕”交替类号。用以标识供选择的类目，不作为档案分类的实际号码使用。

⑪“/”起讫符号。表示类目号码的起止范围，只在主表中出现，不作为档案分类的实际号码使用。

3. 辅助表

也称复分表、附表。它是将分类表中某些具有共性的类目从主表中抽出汇编成各种复分表，起到统一类目、简化类表、缩短篇幅、帮助记忆的作用。包括通用复分表、专类与专用复分表。

(1) 通用复分表

通用复分表适用于分类表各大类。《中国档案分类法》设置了下列五种通用复分表：

①综合复分表，也称总论复分表

它是各类具有共性的有关综合事务方面档案复分的依据。复分符号为“-”。如：《农业条例》标引为“MA-14”。在使用综合复分表时要注意两点：第一，综合复分表的类目一般不在主表反映，但有时也作为专类在主表或专用复分表中列出，此时应本着先主表、专用复分表，再综合复分表的原则，分类时不使用综合复分表的相应类目复分；第二，具有综合复分表中两种以上特征的档案文件，只能选择其中主要的一种加以复分，不能重复使用。

②世界各国和地区表

它是各类目档案需要按国家和地区标准复分时的依据，凡主表中注明“依世界各国和地区表分”的都可用此表复分，其符号为“()”，如“日本林业”的分类号为“MB(392)”。

③中国地区表

它是各类目档案需要按行政区划复分时的依据，凡主表中注明“依中国地区表分”的，均可用该表复分，其符号为“［］”。如“湖北省汽车工业”的分类号为“NO[42]”。

④中国民族表

须按民族复分时用，凡主表中注明“依中国民族表分”的，均可用该表复分，其符号为“《》”，如“回族自治”的分类号为“BE1《03》”。

⑤科技档案复分表

共有5个组成部分。分别为1科学研究档案；2基本建设档案；3设备仪器档案；4标准、计量档案；5产品档案。凡主表中注明“依科技档案复分表分”的类目，均可用该表复分。其符号为“()”。如“体育场馆设施标准规划”的分类号为“GG86（412）”。

（2）专类与专用复分表

专类复分表是主表中附加的供某大类或某大类中的部分类目做进一步区分用的复分表，它是依据档案材料分类的实际需要而设置的。《中国档案分类法》（第2版）一共设置了17个专用复分表，137个专类复分表。专类复分表的分类号码前加圆点“•”，表的两侧均以印刷黑体竖线括起，如“家庭财产保险合同”的分类号为“KB9122·3”。专用复分表的分类号前用“=”号，复分时将复分号码接在主类号之后，如“接收泰国通讯社新闻照片”的分类号为“GB2291=122”。

需要注意的是，《中国档案分类法》中的专类复分表往往与通用复分表结合使用，复分时，应先依通用复分表分，再依专类复分表分。如：“蒙古族语言文字的翻译”的分类号为“GA432《02》·7”。

此外，《中国档案分类法》还采用了仿分和组配编号法。所谓仿分，是对于少量具有共性的类目在细分时统一列表，即仿照某一类的下位类来设类，而不专门编表。即某些类目具有相同的划分标准，将其中一个类详细列出子类，其他类下注明“仿××分”；例如，“U型管式换热器冷却器”的分类号为“MB724221”。

组配编号法用于分类表中规定可以组配的类目，即把两个或三个互相关联的类目用“：”组配起来，表示分类表中未列的一个复杂的概念。例如，乡镇企业贷款的分类号为“KB221：JC943”。

四、档案主题标引与档案主题法

（一）档案主题标引的一般规则

第一，档案主题标引必须客观地、直接地反映档案论述或涉及的事物和问题，不应掺杂标引人员的臆测和褒贬。

第二，档案主题标引应遵循专指性原则，即选择词表中最专指、最恰当的主题词进行标引，当词表中有表达该主题概念的专指词组时，不得选用其上位词或下位词，也不得进行组配标引。

第三，当词表中没有专指词时，应选择最直接、最关联的两个以上的主题词进行组配标引；当组配标引不能准确地表达主题概念时，可选用最临近的上位词或相关词进行标引；当用上位词、相关词标引也不合适时，可采用自由词标引或增词标引。

第四，选定的主题词应是词表中的正式主题词，书写形式要与词表中的词形一致，不能随意更改或省略。

第五，每一份档案的标引深度，原则上应以能准确、完整地表达档案主题内容，充分揭示出有检索意义的档案信息以及检索系统的处理能力为依据。

第六，标引时要注意反映档案中的新论点、新政策、新成果，尽量向利用者提供更多的信息。

（二）主题词组配规则

所谓主题词的组配，是指通过两个或两个以上主题词的逻辑组合来表达一复合主题概念。组配标引的规则如下：

第一，组配必须是概念组配，而不应是字面组配。概念组配基于概念逻辑原理，重在拆义，而字面组配以构词法为基础，重在拆词。如“键盘乐器的制造”，这一主题概念应用“键盘乐器—乐器制造”进行概念组配，而不能用“键盘—乐器—制造”单纯从字面上组配。判断是否为概念组配的标准是看被组配的主题词在单独使用时会不会产生意义失真和有无检索意义。

第二，用词表中最专指的词进行组配，不能越级组配。如“业余学校的组织管理”应用“业余学校—学校行政”组配，而不能用“业余大学—学校行政”，也不能用“学校—学校行政”组配。

第三，如果被组配的词之间为交叉关系，用组配符号“，”；如果是限定关系，则用组配符号“—”。

第四，当复合主题中含有多个主题因素时，应按其重要程度确定组配次序，并根据标引深度的要求对其加以取舍。当标引深度超过规定时，可略去次要的主题因素。

第五，当一份档案中有两个或两个以上主题，组配时可能产生假联系时，应对每一个主题分别进行组配标引。

第六，组配的结果应概念清楚，含义确切、专一，逻辑合理，当组配有可能产生歧义时，应改用上位词或相关词标引或增补新词。

（三）《中国档案主题词表》

主题法分为标题法、单元词法、叙词法等，以叙词法最为流行，叙词法是一种组配型的检索语言。《中国档案主题词表》是一部档案叙词表，也是中国第一部通用的档案主题词表。档案主题词表是进行档案主题标引的依据，它是将档案主题概念转换成主题标识、编制主题目录、主题索引及建立计算机主题文档的重要工具。《中国档案主题词表》按照档案论述和涉及的主题及事物，用规范化的自然语言语词作标识来直接表达档案主题概念，用参照系统间接显示概念之间的关系，并用字顺序列对档案信息进行系统化组织，提供按字顺主题检索的途径。

《中国档案主题词表》主要由主表、范畴索引、词族索引、辅助表（人名表、机构名表）等构成。

1. 主表

主表是词表的正文，由全部正式主题词和非正式主题词按汉语拼音顺序排列而成。《中国档案主题词表》的选词范围包括20世纪初叶以来反映党政管理工作的词汇，以及档案中经常涉及的政治活动、科学研究、生产技术、经济建设等方面的专业词汇和反映新事物、新概念的词汇。具体来说，主要包括以下方面的词汇：中国各民族、各民族文字与语言的名称，世界上其他重要文字、语言的名称；行政职务与专业技术职务名称，军职与军衔名称；部分国家法律和规章名称；节日、节令名称，具有特殊意义的会议名称和有重大影响的历史事件名称；学科名称及反映学科具体内容概念的部分词目，重要的、常见的化学元素、矿物、合金、化合物名称：小说、戏剧、曲艺、诗歌、绘画等文学艺术作品的泛称及其使用频率高的下位词；田径运动、水上运动、冰上运动和体操等体育运动项目名称及其直接下位词；常见的动物、植物、疾病、医药及各类工农业产品的名称；枪械、火炮、弹药等武器及其下位词。

款目项主要起排列和检索入口的作用，其中的范畴号是该词在范畴索引中的分类号。参照项的作用是显示词间关系，其中“代”项显示等同关系，说明“游水”是“游泳”的同义词，在此作为非正式主题词，用来指引和查找正式主题词，不能作为标引和检索词使用，其对应的参照项为用项；“分”项、“属”项、“族”项显示等级关系，“分”项中的主题词是款目词的下位词，“属”项中的主题词是款目词的上位词，“族”项中的主题词是款目词的族首词（最上位词），其后注以“*”号；“参”项显示相关关系。

此外，为了明确主题词的含义，主表中还设有限定词和注释。限定词用圆括号“（）”注于主题词之后，作为主题词的组成部分。如：注释是对主题词的含义所做的简要说明，用圆括号“（）”注于主题词之下，不作为主题词的组成部分。

2. 范畴索引

范畴索引又称分类索引，它是将主表中的全部主题词按其概念属性划分成大大小小的类目排列而成，以满足从分类的途径查词和族性检索的要求。《中国档案主题词表》范畴索引的类目是参照《中国档案分类法》主表的类目并结合主题词的特点而设置的，所有类目不超过三级。其标识符号采用汉语拼音字母与阿拉伯数字混合制，一、二级类目用字母标识，三级类目用阿拉伯数字标识。当一词具有两个类目的属性时，在有关类目重复出现。

3. 词族索引

词族索引又称等级索引，它是把具有等级关系即具有属种关系、包含关系、整体与部分关系的主题词汇集在一起，构成一个从泛指词到专指词的等级体系。所谓词族，是把属性相同的主题词按其概念等级（从泛指到专指）排列而成的概念体系。《中国档案主题词表》确定族首词（最上位词）1233个，入族主题词1398条，占正式主题词总数的52%。同一词族的词在索引中是用缩格的形式显示其等级关系的，其中，概念外延最广的主题词称为族首词，其右上角缀以"*"号，族首词之间依汉语拼音音序排列。从最上位词（族首词）到最下位词的层数称为词族的等级数。族首词为一级词，其下分词前一个点"•"为二级词，两个点"••"为三级词，三个点"•••"为四级词，依次类推。

词族索引的主要功能是可以从一族词中外延最广的族首词出发，找到一系列同族的主题词，显示其间的层层隶属关系，增强词表的族性检索功能。在机检系统中是实现自动扩检、缩检及上位登录的重要手段。具有属分关系的主题词，一般以一个词入一个词族为原则，少数主题词按其属性须跨两个或两个以上词族者，分别在不同词族中显示。同一词族内，有少数主题词按其属性须跨两级者，则在两级下重复显示。

词族索引与主表之间通过缀以"*"号的族首词联系，在主表中看到带有"*"号的主题词，可在族首词目录中先查到该词在词族索引中的页码，便可在词族索引中查到该族词。

4. 辅助表

辅助表（索引）一般由专有叙词汇编而成，包括人名、地名、机构名、产品名等。《中国档案主题词表》设有两个辅助表，即人名表和机构名表。设置附表可以避免主表体积过于臃肿，又可以方便利用者查找专有的人名和机构名。人名表和机构名表中主题词款目的著录事项、著录格式及排列顺序与主表完全相同。

第三节 档案检索工具与系统

一、档案检索工具的种类

档案检索工具具有检索、报道、交流和管理馆藏的作用。按照功能的不同和差异，档案检索工具可划分为不同的种类。

（一）按照编制方式划分

1. 目录

它是将档案的著录条目，按照一定的次序编排而成的检索工具，如分类目录、题名目录等。

2. 索引

它是将档案中的某一内部或外部特征及其出处按照一定的顺序排列起来的检索工具，如人名索引、地名索引、文号索引等。索引与目录的区别在于：目录对档案文件内容和形式特征进行全面系统的著录，著录项目比较完整；而索引是对档案文件中的某一部分特征进行著录，著录项目简单。

3. 指南

它是以文章叙述的方式，综合介绍档案情况的一种工具，如全宗指南、专题指南、档案馆指南等。它可以作为工具书使用，相对于目录和索引来说，其报道性、可读性较强。

（二）按载体形式分

1. 卡片式检索工具

它是将条目著录于卡片上，将卡片按一定顺序排列而成的检索工具。其优点是具有较大的灵活性，便于增减条目以及调整其顺序，还可利用一次著录的结果，编制不同的检索工具。但体积大，不便管理，不便传递与交流，成本较高。

2. 书本式检索工具

将著录条目按顺序排列并装订成册的检索工具。其优点是体积小，便于管理，便于馆际情报交流，编排紧凑，成本低廉，是我国档案界长期以来占主导地位的检索工具。但它缺乏灵活性，不能及时增减条目和调整顺序，不能完整反映馆藏档案，因此，受到卡片式检索工具的严重挑战。

3. 缩微式检索工具

用缩微摄影方式制作的以胶片为载体的检索工具。其主要优点是体积小，节约空间，便于携带和交流，便于长期保存和使用。但它是在书本式或卡片式检索工具的基础上形成的，须借助阅读器或电子计算机阅读查找，且不便增减条目，只适用于永久性保存的档案。

4. 机读式检索工具

以磁带、磁盘、磁鼓等磁性材料为载体的供计算机识别的检索工具。其优点是存储密度高，检索扫描速度快，可进行多途径检索。

（三）按内容范围分

1. 综合性检索工具

以一个或若干个档案馆的全部档案或以一全宗的档案为检索和介绍对象的检索工具，如全宗文件目录、分类目录、全宗指南、综合性联合目录等。

2. 专题性检索工具

以有关某一专题的档案为对象的检索工具，如专题目录、专题指南、专题性联合目录等。

（四）按功能分

1. 馆藏性检索工具

反映档案实体整理体系及其相互关系的检索工具，如全宗目录、卷内文件目录、案卷目录等。其功能是固定和反映档案整理顺序，可借助它了解、分析馆藏情况，便于按档案整理顺序查找档案。但其目录组织方式受档案整理体系的限制，检索途径单一，一般不能超出全宗范围，检索深度较浅。

2. 查检性检索工具

它是从档案的某一内容或形式特征提供检索途径的检索工具，如分类目录、主题目录、专题目录、人名索引、文号索引等。其主要功能特点是不受档案整理顺序的限制，可以打破全宗的界限进行检索，能提供多种检索途径，选择任意的检索深度。

3. 介绍性检索工具

它是介绍和报道档案内容及其有关情况的检索工具，如专题指南、全宗指南、档案馆指南等。其特点是能全面、概括地介绍档案的情况，发挥宣传报道作用，向利用者提供一定的档案线索。但由于介绍性检索工具不记录档案文件的检索标识，不建立排检项目，借助它不能直接获得档案文件，只能算是间接性的检索工具。

上述各种类型的检索工具并不是每个档案机构都须配备，各档案馆（室）应根据本单位档案的特点以及检索的具体要求来确定编制哪些检索工具。要注意检索工具种类的多样化，提供多途径检索，满足利用者的不同需要。

二、档案检索工具的编制

（一）馆藏性检索工具的编制

1. 卷内文件目录

卷内文件目录是以案卷为单位，系统登录卷内文件的题名及其他特征并固定其排列顺序的检索工具。卷内文件登录的内容一般包括：顺序号、文号、责任者、题名、日期、页号、备注。卷内文件目录能够固定文件在案卷中的具体位置，巩固档案实体系统整理的成果，而且能够反映卷内文件的基本情况，是检索具体档案文件的重要工具。

2. 案卷目录

案卷目录是在档案实体整理过程中，对案卷进行排列与编号以后，将案卷号、案卷题名及其他特征进行系统登记的检索工具。案卷目录表是案卷目录的主体，案卷目录表的基本项目包括：案卷号、案卷标题、案卷起止日期、卷内文件页数、保管期限和备注等。案卷目录的主要作用是：固定全宗内档案分类体系和案卷排列次序，反映和巩固档案整理工作成果；揭示全宗内档案内容与成分，是查找、利用档案的基本检索工具；是案卷清册和总账，便于档案的统计和安全保管。

3. 案卷文件目录（全引目录）

案卷文件目录，是以全宗为单位，将案卷目录与卷内文件目录相结合按一定次序编排而成的一种档案目录。它既能够揭示全宗内的案卷信息，也能够全面反映每一案卷内的文件信息，兼有案卷目录和卷内文件目录的双重功能，所以又称为全引目录。编制案卷文件目录的方法：将案卷目录和卷内文件目录依次打印，复印剪贴后装订成册或者利用计算机技术进行编辑整合。

（二）查检性检索工具的编制

1. 分类目录

档案分类目录是按档案分类法组织起来的，揭示全部（或主要部分）馆藏内容与成分的一种综合性检索工具。它打破了全宗的界限，不受档案实体整理体系的束缚，提供从档案内容入手检索档案的途径，是档案工作人员从事业务工作和利用者查找档案的不可缺少的工具。分类目录还可作为一种基本检索工具，派生出各种专题目录、重要文件目录等，向外报道馆藏，满足利用者的特定需求。分类目录的编制包括条目的排列、参照卡和导卡的设置、字顺类目索引的编制。

第一，条目的排列：将已经著录的条目按分类号的顺序排列起来，对同一类号的条目再按时间顺序、题名、责任者字顺等其他特征排列。

第二，参照卡是用于揭示类目间的相互关系，指引利用者准确找到所需的档案。导卡也称指引卡，是一种上端有耳状突出的卡片，用于揭示分类目录的结构及其逻辑体系，指导人们在目录内迅速准确地查到所需的档案卡片。一般可在每一类前放一张概括本类内容的导卡，在耳状突出处标明类号及类目名称，其下注明该类直接下位类类号及类目名称。

第三，字顺类目索引：将分类目录的类目按字顺排列起来，提供从字顺主题入手查找档案的途径，提高分类目录的利用效率。其编制方法如下：①对类名进行规范化处理，将之转化为标题形式；②补充分类表中未列的概念，如类名同义词，表中未收的新学科、新事物或其他重要概念等；③编制索引款目，对两个或两个以上主题的类目分别编制款目；④对某些款目词实行轮排，使同族概念集中，并提供多条检索途径；⑤将所有的索引款目按字顺排列。

2. 主题目录

档案主题目录是根据档案主题法的原理，按档案主题词的字顺组织起来的目录。主题目录不受全宗和分类体系的限制，直接从事物出发按字顺查找所需档案，灵活性强，便于进行特性检索，但系统性不如分类目录。其编制步骤包括：标题形式的选择、主标题与副标题的确定、著录卡片按字顺排列、参照卡的设置。

3. 专题目录

档案专题目录是集中揭示有关某一个专题档案内容的检索工具。它不受全宗的限制，有利于在全馆范围内按照专题查找档案，对于科学研究及解决专门问题有很大帮助。其编制步骤包括：选题、选材、著录、排列。

4. 人名索引

人名索引是揭示档案中所涉及的人物并指明其出处的一种检索工具，可分为综合性人名索引和专题性人名索引两种。综合性人名索引是将馆藏档案中涉及的全部人名编制成索引；专题性人名索引是按某一专题范围编制人名索引，即选择若干比较常用的专题来编制人名索引。一般来说，专题性人名索引利用率较高，且编制工作量不大，对一般档案部门都是适宜的，可以满足大多数从人名入手查找档案的利用要求；而综合性人名索引编制工作量大，且并非档案中涉及的任何人名都有检索意义，所以，往往只用于人事档案、诉讼档案等，对普通档案不太适宜。

在编制人名索引时，应对一人多名的情况加以处理，在一个人的真实姓名、字号、别名、笔名、艺名等之间建立参照，将同一人的档案材料集中一处，避免漏检、误检。人名索引可参照《中国档案主题词表》所附人名表编制。

人名索引分人名和档号两部分，将人名引向所在档案的档号，即可查到记载某一人物的各种档案材料。人名索引可按人名字顺排列，有笔画笔形法、音序法等。

5. 地名索引

地名索引是揭示档案中所涉及的地名并指明其出处的一种检索工具。地名索引可以为从地区角度入手查找档案的利用者提供档案线索。尤其是对利用档案编史修志者十分有用。地名索引比较适用于涉及地区范围较广的地质档案、农业档案、气象档案、测绘档案等。

在编制地名索引时，应弄清楚各地区在行政区划、名称等方面的沿革，在原用名和现用名之间建立参照，将同一地区的档案材料集中一处。

地名索引包括地名和档号两部分，必要时应加上注释，将地名引向所在档案的档号，即可查到记载该地区情况的各种档案材料。

（三）介绍性检索工具的编制

1. 全宗指南

全宗指南是对一个全宗的档案的形成历史、内容范围、成分、数量等各个方面以文章叙述的形式所做的全面介绍。可分为组织全宗指南、个人全宗指南、联合全宗指南等，其中，组织全宗指南占绝大多数。

全宗指南的结构：由立档单位和全宗历史概况、全宗内档案情况简介、全宗内档案内容和成分介绍、辅助工具等组成。

立档单位和全宗历史概况。包括全宗构成者名称、时间、主要职能、隶属关系、全宗构成者主要负责人名录、内部机构设置及其各历史阶段演变情况等内容。

全宗内档案情况简介。全宗内档案的数量及保管期限、档案的完整程度、档案的利用价值及鉴定情况、检索工具的配置情况、档案的整理情况。

全宗内档案内容和成分介绍。文章叙述的形式，按全宗内档案的实际分类体系结合问题介绍。主要介绍档案来源（责任者）、内容、形式（种类、制成材料等）、形成时间、可靠程度、查考价值等。这是全宗指南的主体部分。可以采用详简结合的方法，根据全宗内档案的重要程度和实际需要进行介绍。

辅助工具。包括目次、机关简称表、人名索引、地名索引等。

2. 档案馆指南

档案馆指南是对一个档案馆的概况及其全部馆藏以文章叙述方式所做的概略介绍。它是档案馆对其收藏和服务情况进行宣传和报道的重要工具。

详细的档案馆指南包括序言、档案馆概况、馆藏档案情况介绍、馆藏资料介绍、索引、附录等组成部分。

3. 专题指南

专题指南是以文章叙述的方式，按一定专题对档案机构收藏的有关该专题的全部档案材料所做的综合介绍。专题指南在选题选材上与专题目录相同，在档案内容成分的介绍方式上类似全宗指南。专题指南一般由序言、目次、档案材料内容简介、索引、附录等部分组成。

档案馆（室）应建立科学合理的档案检索工具体系，达到如下基本要求：具有一定数量的功能不同的检索工具、检索工具与利用需求相适应、正确处理各种检索工具的联系与分工、在检索工具的编制中应推行标准化。

三、计算机档案检索系统

计算机档案检索系统是以电子计算机作为检索设备，将档案信息以二进制代码的形式记录在磁性载体上，由计算机检索软件进行控制，对输入的档案信息自动进行存储、加工、检索、输出、统计等操作的一种信息检索系统。计算机检索系统与手工检索系统相比，检索速度快、存储量大、检索途径多、检索效率高。

（一）计算机档案检索系统的类型

1. 按数据库的性质分为目录检索系统、事实与数值检索系统、全文检索系统

目录检索系统存储的是经过加工的档案目录信息，检索结果是符合检索要求的档案线索。目录信息检索系统目前在档案计算机检索系统中占绝大多数，它是发展最早，应用最广泛的检索系统。

事实与数值信息检索系统存储的是档案中所包含的各种事实或数据，它对档案材料进行了更高层次的情报加工，输出的检索结果为用户可直接利用的事实和数据。这种检索系统有逐渐增多的趋势。

全文检索系统存储的是机读化的档案全文信息，通过这种检索系统可以检索档案原文中的任何一个字、句、段、节等，也可直接输出档案全文。

2. 按检索方式分为脱机检索系统、联机检索系统

脱机检索系统是将用户的检索提问集中起来，由系统操作人员统一输入，统一查找，再把检索结果打印出来分发给用户。这种检索系统的用户不能直接参与检索过程，需要较长时间才能获得检索结果，适于那些不须立即获得结果但要求较高检全率的检索要求。

联机检索系统是以人－机对话的方式，通过计算机终端和通信线路由检索人员直接对档案数据库进行检索。用户可以随时查找所需的档案信息，并能马上获得检索结果，还可随时修改检索提问，直到获得满意的结果为止。

3. 按服务方式分为定题检索系统和追溯检索系统

定题检索系统是将用户提出的检索要求编成逻辑提问式输入计算机里，组成提问文件存储在磁盘上，每隔一定时间对数据库中新收入的档案信息进行检索，并按一定的格式打印输出给用户。定题检索服务一般是以脱机方式进行的。

追溯检索系统是根据用户的检索要求，对数据库中积累的档案材料进行专题检索，可以普查若干年内与检索课题有关的所有材料，其检索可追溯到档案数据库所能提供的年代。

4. 按检索语言分为受控语言检索系统和自然语言检索系统

受控语言检索系统是采用分类表、词表等规范化的检索语言对标引和检索所用的词汇进行控制，检索时须通过分类表、词表将标引用语和检索用语进行相符性比较。

自然语言检索系统是直接采用自然语言存储检索档案信息，能够方便标引和检索，但要以计算机检索技术的高度发展为前提。

（二）计算机档案信息检索系统的构成

计算机档案信息检索系统由档案数据库、计算机硬件、计算机软件三大部分构成。

第一，档案数据库是将一系列档案文献条目用二进制代码的形式，记录在磁带、磁盘或光盘上，以便让计算机“阅读”理解和运算，其内容与普通的检索工具基本一致，但为了便于计算机判断和处理，在条目中增加了指示符、分隔符、结束符等标志，并记明了各个著录项目以及整个条目的长度与地址。有时，为了提高检索效率，计算机还须对目录数据库做进一步加工，排成各种索引文档。一个计算机检索系统包含若干种文档。

第二，计算机硬件，指计算机及外部设备，它是进行信息存储、运算、输入、输出的实体。计算机的选型，应根据馆藏量、系统规模及检索功能的要求来决定。

在配置硬件时应考虑各种设备的兼容性、处理速度与处理能力、可靠性与适应性等，既要考虑目前的需要，又要着眼于将来的发展。

第三，计算机软件，指控制计算机各种作业的一系列指令，没有这些指令，计算机就不能运行。目前，市场上出售的软件较多，先要配齐有关的系统软件，应用软件可以购买，也可以自己研制开发。由于档案种类的多样性、内容的复杂性以及档案管理、利用的特殊性，要求档案检索系统的软件开发须从档案的特点以及档案工作实际出发，进行系统分析和设计，不能完全搬用情报检索系统的软件。应加强档案通用软件的开发，既可节省人力、物力、财力，又能帮助那些缺乏技术条件的单位尽早开展计算机检索工作。

第四节 档案检索策略、方法和效率

所谓检索策略，是在清楚用户档案需求的前提下，选择检索途径、检索用词、构建检索表达式、明确检索步骤的科学安排。检索策略对检索效果有很大影响，检索策略制定得好，不仅可达到较高的检全率和检准率，还可以提高检索速度，缩短检索时间，降低检索费用。尤其是对计算机检索而言，制定周密的检索策略是检索得以成功的关键。档案检索方法可借鉴情报检索的一般方法和技术。档案检索效率可用五个方面来衡量: 全、准、快、便、省。其中，检全率和检准率是评价检索效率最常用的两个指标。

一、档案检索策略的构造和调节

（一）检索提问分析

检索提问是用户实际表达出来的检索要求，也称情报提问。档案检索提问分析是对档案检索课题所做的主题分析，目的是弄清用户真正的检索要求，以便确定检索对象和检索范围，它是制定档案信息检索策略的首要步骤。

档案检索提问分析包括以下内容：

第一，检索目的：是为了查证某一事实，还是为了研究某一问题。

第二，检索对象：是检索档案中包含的信息，还是检索某一特定的档案。

第三，检索范围：检索哪种类型、时间、地区和专业范围的档案材料。

第四，现有档案线索：如立档单位的名称、职能、沿革，检索对象的时间、地点、档案责任者、文号、图号，相关联的人物、机构、事件等。掌握的线索越多，越有利于检索的进行。

（二）档案检索策略的构造

1. 检索途径的选择

根据用户的检索提问选择合适的检索途径，决定检索入口。对某一特定的检索要求选择什么检索途径，取决于用户对档案线索的掌握程度及检索系统的设置情况。对于手工检索来说，检索途径的选择就是决定采用哪种检索工具进行检索，可以是分类目录，也可以是主题目录；可以是题名目录，也可以是文号索引，等等。而对计算机检索系统来说，则包括对数据库的选择及检索项目的确定。检索项目包括待检数据库中各种规范化代码如分类号、产品代码、国家或地区代码、机构名称代码等，以及表示主题概念的检索词。在计算机检索中，检索词是各种档案数据库中不可缺少的基本检索项目。检索词包括主题词和自由词，一般总是优先选择主题词作为最基本的检索项目，因此，在计算机检索中，主题检索途径是主要的检索途径。

2. 检索标识的选定

选择好检索途径后，即可根据分类表或词表，将表达用户提问的主题概念转换成检索标识。所选择的检索标识适当与否取决于对检索提问进行主题分析的正确性和全面性以及标引的准确性、专指性。在这里，检索标识的选定对检索网络度和专指度有很大影响。检索网络度是指检索标识网络检索课题主题概念的范围和程度，网络度高，检全率就高。检索专指度是指检索标识表达检索课题的主题内容的确切程度，专指度越高，检准率就越高。为了达到较高的网络度和专指度，就要对检索课题进行深度标引，这意味着要用更多的检索标识来更全面、更具体地标引检索课题的主题概念。具体来说，要优先选择专指的主题词，另外，可选用适当的自由词配合检索。需要说明的是，使用自由词可达到较高的专指度，可以及时反映新概念，灵活性强，但自由词缺乏词汇控制，增加了检索难度，因此，自由词的选用是有一定限制的。

3. 检索式的拟定

根据检索课题的主题内容选定了检索标识后，就可以用布尔逻辑运算符和一些检索指令将检索提问中各有关概念之间的关系表达为布尔逻辑检索式。检索式是检索策略的具体表现形式，它是对检索提问的逻辑表达，也称检索提问表达式。

检索式中常用的布尔逻辑运算符有：逻辑与（或称逻辑乘、逻辑积），符号“*”；逻辑和（或称逻辑加），符号“+”；逻辑非，符号“-”。检索指令是表示计算机能够执行的各种运算关系的标记和符号，不同的计算机检索系统有各自的检索指令。不管用户的检索提问多么复杂，都可以用布尔逻辑的原理，使用概念组配的方法，转化成布尔逻辑检索式。

检索式编制得好坏，直接关系到检索效果。检索式的拟定有一定的技巧，其基本要求是：

第一，应完整而准确地反映出检索提问的主题内容。

第二，应遵守待检数据库的检索用词规则。

第三，应符合检索系统的功能及限制条件的规定。

第四，应遵守概念组配原则，避免越级组配。

第五，注意检索式的精练，能化简的检索式尽量化简。

4. 档案检索策略的调节

档案信息检索过程比较复杂，由于种种原因，检索结果往往不能满足检索要求而出现一些偏差，这就需要及时修改和调整检索策略，进行反馈检索，以达到既定的检索目标。

一般来说，需要进行反馈检索的课题有两种类型：一是未达到检索目标，或用户又在原来检索的基础上提出了进一步的检索要求；二是由于构造检索策略不当所造成的检索失误。不管是哪种情况的反馈检索，都要对用户提问和检索结果进行深入分析，在原有的检索基础上进一步扩大或缩小检索范围。可通过下列方法调节检索策略：

第一，调整检索式，扩大或缩小检索范围。

第二，增加检索途径。

第三，利用概念等级树扩检或缩检。

第四，采用截词检索、加权检索、精确检索等方法进行检索。

需要指出的是，由于检全率和检准率之间存在着相互制约现象，提高检全率常常会降低检准率，而检准率的提高又可能导致检全率的降低，因此，在构造和调整检索策略时，应深入分析用户检索提问的实质及需求范围，以达到理想的检索效率。

二、档案检索方法和技术

（一）加权检索

所谓加权检索，就是在检索时，给每个检索词一个表示其重要程度的数值(所谓“权”)，对含有这些检索词的档案进行加权计算，其和在规定的数值（阈值）之上者作为检索结果输出。权值的大小可以表示被检出档案的切题程度。加权检索可对检出档案材料进行相关性排序输出，也可根据检准率的要求进行灵活的分等级输出，输出时按权值大小排列，只打印权值超过阈值的相关文献。

检索词的权值是按照提问者的需要给的。例如，有一个检索课题是关于环境污染防治的，可分别给检索词一定的权数。

环境 40

污染 40

防治 50

检索时，检出一系列有关档案材料，按权值递减排列如下：

权值

130=40+40+50　　环境污染防治

80=40+40　　环境污染

90=40+50　　污染防治

若指定权值大于或等于 90 的为命中文献（90 为阈值），则只有有关环境污染防治和污染防治的档案材料被打印输出。

（二）截词检索

所谓截词检索，就是用截词符对检索词进行截断，让计算机按照检索词的部分片段同索引词进行对比，以提供族性检索的功能。截词检索主要用于西文文献的检索中。

截词检索可采用右截断（前方一致）、左截断（后方一致）、左右同时截断（中间一致）三种方法。

1. 前方一致

对检索词的词尾部分截断。右截断在计算机检索中广泛应用，这种方法可以省去键入各种词尾有变化的检索词的麻烦，有助于提高检全率。例如，键入检索词 Computer+（“+”为截断符号）可以检索出任何以 Computer 为开头检索词的文献，如 Computers，Computerize 等。

2. 后方一致

把截断符号放在字根的左边，如 +Computer，那么计算机在进行匹配时，索引词 Minicomputer，Microcomputer 等均算命中。

3. 中间一致

将字根左右词头、词尾部分同时截断，例如：+Computer+，可以命中包含该字根的所有索引词，如 Minicomputer，Microcomputer，Computers，Minicomputers，等等。这种左右同时截断的方法，在检索较广泛的课题材料时比较有用，可获得较高的检全率。

（三）限定检索

限定检索主要采用字段检索方式，即将检索限制在某一特定的字段范围内，以提高检准率。例如，“环境保护（LA）”是对语种进行限定，括号内的“LA”表示语言，意指该检索词只在语言字段进行检索。除此之外，还可对文献类型、作者、国别、出版年、数据库更新时间等字段进行限定。

（四）全文检索技术

档案全文检索，又称档案原文存储与检索，是借助于光盘存储器与缩微设备联机实现的一种档案检索方式。我国自从沈阳市档案馆开始光盘原文存储与检索的应用研究以来，档案全文检索已经逐渐由实验向实用化发展。

全文检索系统采用自然检索语言，大大提高了检准率和系统的易用性，但却导致检全率的降低，而后控词表是解决此问题的有效途径。后控词表综合了自然语言和常规的受控语言的长处，对于提高全文检索系统的检索效率有着非常重要的作用。

（五）多媒体存储与检索技术

多媒体存储与检索技术是指将文本、数值、图形、图像、声音等多种类型的档案信息进行综合处理的技术。迄今为止，已有不少多媒体档案检索系统问世。

实际上，目前的多媒体系统大多数是将图与声压缩后当成一个文件甚至一个记录存储到计算机中，使用时即可与文本信息一样地使用，并且借助于附加在图形或声音旁的标引信息（如现在的图像信息常附有一个关键词）来实现对图形与声音的检索。而对图和声的直接检索则是今后发展的方向。

多媒体存储与检索技术能够使用户方便、直观、迅速地获得全方位的档案信息，保证了档案信息的完整性与准确性。本地区、本部门举行的重大活动，召开的重要会议等实况录像、录音均可录入计算机供随时调用，体现了档案的原始记录性。

（六）智能检索技术

档案智能检索技术是应用人工智能技术模拟档案检索的过程，实现档案信息的存储、检索和推理的一种先进的档案检索技术。从国防科工委档案馆等单位研制的实验性的智能化系统来看，这种智能检索系统可以部分实现自然语言检索，提高检全率和检准率，代表了档案检索系统的发展方向。

三、档案检索效率

档案检索效率是评价一个检索系统的重要指标，主要用检全率和检准率来衡量。检全率是在一次检索中检出的与课题相关的命中记录数与系统中与该课题有关的全部记录数的比例，检准率是检出的与课题相关的命中记录数与检出的所有记录数之比。与检全率和检准率相关的是漏检率和误检率。如果用 a、b、c、d 分别表示检准的档案、误检的档案、漏检的档案和无关的档案，那么检全率、漏检率、检准率、误检率的计算公式如下：

检全率 =（a/a+c）×100%

漏检率 =（c/a+c）×100%

检准率 =（a/a+b）×100%

误检率 =（b/a+b）×100%

档案检索系统应保持较高的检全率和检准率。但需要指出的是，检全率与检准率之间存在相互制约的关系，提高检全率往往会使检准率下降，提高检准率又会使检全率下降。因此，应根据检索目的，选择检全率与检准率之间的一个最优比。

第四章 档案鉴定与保管工作

第一节 档案鉴定与保管工作的内涵

在档案管理中，档案鉴定与保管是两项十分重要的内容。做好档案鉴定工作，可以优化档案质量，以便于安全保管和有效利用；做好档案保管工作，可以有效维护档案的完整与安全,尽量避免和减少因自然因素和人为因素给档案带来的损害,延长档案的寿命,为档案工作奠定物质基础。

一、档案鉴定工作的内涵

（一）档案鉴定工作的内容与意义

档案鉴定工作包括档案的价值鉴定和档案的真伪鉴定两个方面的内容，而目前档案界所称的档案鉴定主要是指档案的价值鉴定，即各个档案机构按照一定的原则、标准和方法来鉴别和判定档案的价值，确定档案的保管期限，并据此销毁失去保存价值的档案的工作。

在档案管理中，开展档案鉴定工作有着十分重要的意义，具体表现在以下几个方面。

1. 便于明确档案是否需要进行保管以及保管的年限

档案鉴定工作是十分严肃的，一方面，对档案进行鉴定有比较大的难度，要持续地对文件的保存价值进行甄别，并对文件的保管期限以及所属案卷进行划定，实际上是对某一特定文件在未来是否具有重要的作用进行预测。但是，这种预测要想做到完全准确是极为困难的，可档案鉴定工作又要求这种预测尽可能准确。因此，档案鉴定工作者必须具备较为完善的有关档案鉴定的专门知识，并要具有较高的档案鉴定能力。这样一来，他们就能够借助于档案利用反馈信息，对各种文件今后可能发挥的作用，做出尽可能准确的估计，从而确定存毁和保管的年限。因此，档案鉴定工作是决定文件存在和销毁的工作，这是它与其他管理环节不同的一个重要方面。另一方面，由于档案是不同的组织和人物在特定的历史活动中形成的原始记录，所以，档案馆（室）所保存的档案，大多数是不重复的，这是档案部门与图书、情报、资料单位的区别之一。如果对文件的价值判定不准确，错误地销毁了有用的档案，将会造成难以弥补的损失。在整个档案工作中，档案鉴定工作以其难度较大和严肃性强而显得十分突出，因此，开展这项工作必须十分慎重和认真。

2. 便于应对突然事变

突然事变主要是指天灾人祸。如果不开展鉴定工作，致使有保存价值的和无保存价值的，以及保存价值大的和保存价值小的档案混杂在一起，一旦发生突然事变，来不及抢救重要的珍贵档案，导致“玉石俱焚”。通过鉴别档案的价值，则可分清“玉”“石”，区别主次，有利于在必要时有重点地保护和抢救档案，力求它们的完整和安全，并尽可能地减少档案的损失。

3. 便于查找利用有价值的档案

对档案进行保存，一个重要的目的就是便于对档案进行利用。若是不论档案是否具有价值都存放在一起，则人们查找需要的档案（有价值的档案）会变得十分困难。因此，很有必要开展档案鉴定工作，对有价值的档案进行保存，这样人们在查找档案时便会较为容易。

（二）档案鉴定工作的原则

在展开档案鉴定工作时，需要遵循一定的原则，具体来说有以下几个。

1. 利益性原则

档案作为一种历史文化财富，是属于整个国家和人民的，而且档案的存在与作用发挥会关系到国家各方面的利益。因此，在开展档案鉴定工作时，必须遵循利益性原则，即要站在国家和人民的整体利益的角度对档案的价值进行衡量，绝不能以个人的好恶和小团体的利益为准则来衡量档案的价值。

2. 全面性原则

档案鉴定工作的全面性原则，具体表现在以下几方面。

（1）要综合档案的各个方面对档案的价值进行判定

实际工作中形成的文件，其构成要素是不尽相同的，大量文件是因其内容重要而具有较高价值的，而在分析档案价值时通常应结合文件的来源、形成时间等因素才能获得比较正确的认识。同时，有的文件或因时间久远或因载体特殊或因有名人手迹等因素而价值增高，因此，在分析档案价值时只有全面兼顾文件的内外特征，才能准确判定档案的价值。

（2）要全面把握被鉴定档案与其他档案之间的关系

各个单位、各项工作中形成的文件之间具有密切的联系，因此在鉴定档案时，不要孤立地判断单份文件的价值，而应将有关的文件材料联系起来分析，然后再做出判断。

只有这样，才能准确理解档案的内容和用途，从而对其价值做出正确的判断。

（3）要对档案的社会需要进行全面预测

档案能够对社会的多种需要进行满足，而且社会对档案的需要也是多角度、多方面的。也就是说，某一档案对某一单位来说有利用价值，但对其他单位来说则没有利用的需要；对某一方面意义不大的档案，可能对其他方面具有重要的查考利用价值等。这就决定了档案鉴定工作要综合考虑社会多方面的需要，切忌只根据某个方面的需求来判定其价值。

3. 历史性原则

档案是人类从事实践活动的产物，其形成总是依托于一定的历史环境。也就是说，档案的内容、形式与其形成的历史条件有着密切的联系。因此，在对档案的价值进行鉴定时，要将档案放到它所形成的历史环境中进行分析，并结合当前和将来的利用需要来考虑其保存价值。

4. 发展性原则

社会对档案的利用需求是动态变化的，而且档案的价值本身具有一定的时效性。因此，在对档案的价值进行鉴定时，要有发展的眼光，既要看到其现实作用，又要看到其长远作用，继而对档案的价值进行科学预测。

5. 效益性原则

这一原则指的是在对档案的价值进行鉴定时，要考虑到收益与付出之比。只有当档案发挥的作用超过因保存档案所付出的代价时，才能判定其具有保存价值。

6. 规范性原则

这一原则要求机构、组织开展档案价值鉴定工作，应自觉遵从国家法律、法规、部门规章、地方性法规及地方政府规章的有关规定进行。机构、组织及各级各类档案管理部门开展档案价值鉴定工作，应按照各专业主管部门制定的部门规章、相关实施细则，有关部门制定的地方性法规、地方政府规章等规范性文件中的有关规定执行。

（三）档案鉴定工作的标准

档案的价值具有客观性，而人们在对档案的价值进行鉴定时，却有着很强的主观性。因此，为保证档案鉴定工作的科学性、客观性和准确性，必须制定档案鉴定工作的标准。具体而言，档案鉴定工作的标准应该包括以下几个方面。

1. 档案的来源标准

档案的来源是指档案的形成者，档案形成者在社会上以及机关内的地位、作用和职能影响甚至决定档案的价值。根据来源标准对档案的价值进行鉴定时，以下几方面应特别予以注意。

第一，要注意区分不同的作者。一般情况下，应该注意主要保存本单位制成的文件。对于外来文件，则应具体分析来文单位与本单位的关系，以及来文内容与本单位职能活动的关系。通常情况下，有隶属关系机关的来文比非隶属机关的来文值得引起重视；针对本机关主管业务的、需要贯彻执行的文件比非本机关主管业务、参考性文件价值要高。

第二，要分析本单位制成的文件的作者的职能。在本单位制成的文件中，单位领导人、决策机构、综合性办公机构、主要业务职能机构、人事机构、外事机构制发的文件能够比较直接地反映本单位的主要职能活动和基本情况，因而具有长久保存价值文件的比例比较高；而一般行政事务性机构、后勤机构及某些辅助性机构所制发的文件中具有长久保存价值的比例则比较低。

第三，要分析档案馆接收对象的地位和作用。档案形成者的地位、作用和职能情况是各级各类档案馆确定档案收集范围的基本根据。一般来说，一个地区党政机关的档案，在本地区影响较大的、具有典型性和代表性的单位的档案，以及著名人物的档案等价值较高，长久保存的比例较大；而基层单位形成的档案，普通人士形成的档案，其价值则较低，长久保存的比例较小。

2. 档案的职能标准

在对档案的价值进行鉴定时，依据的职能标准就是立档单位在整个政府系统中所具有的地位及其重要性。也就是说，最高级别的机关所形成的档案相比一般机关所形成的档案来说，会具有更大的价值。同时，立档单位的级别与地位不同，其所形成的档案的保管期限也会有一定的差异，通常是级别越高所保存的永久档案越多。此外，机关档案部门在保存档案时，要尽可能确保其能够对本机关的存在、发展以及历史作用进行证明，能够对本机关的职能起到凭证或评价的作用。也即是说，机关档案部门所保存的档案要能够充分反映本机关的发展演变及其职能演进。

3. 档案的内容标准

档案的内容指的是档案所记载的事实、现象、数据、思想、经验、结论等，其最能体现档案的价值。在依据内容对档案的价值进行判定时，除了要分析档案内容的真实性、完备性外，还要注意分析以下几方面。

第一，分析档案内容的重要性。档案是对既有事实的记载，而这些事实本身的重要程度直接影响档案的价值。一般说来，反映方针政策、重大事件、主要业务活动的文件比反映一般性事务活动的文件重要；反映全面情况的文件比反映局部情况的文件重要；反映本单位主要职能活动、中心工作和基本情况的文件比反映非主要职能活动、日常工作和一般情况的文件重要；反映典型性问题的文件比反映一般性问题的文件重要。在工作、生产、科学研究、维护权益以及总结经验方面具有凭证、查考作用的档案，多具有较高的价值。

第二，分析档案内容的独特性，即分析档案是否具有独特的、新颖的内容。事实证明，越具有独特且新颖的内容的档案，其对利用者的吸引力就越大，价值自然也越大。此外，档案内容的独特性要求档案馆（室）在保存档案时，要最大限度地减少馆藏档案的重复现象，为此必须控制普发和多发文件的进馆。

第三，分析档案内容的时效性。档案作为处理事务、记录事实、传递信息的手段，在行政上、业务上等都具有时效性。档案的时效性也对档案的价值产生直接影响，因此，在鉴定档案价值时，应该通过分析文件内容的时效性及其变化情况来判定文件价值。

4. 档案的形式标准

档案的价值在某些情况下与其自身形式具有一定的关系，因此，档案的形式也是对其价值进行鉴定的一个重要依据。这里所说的档案的形式，主要包括以下几方面的内容。

第一，文件的名称既影响着文件的作用，也对文件的价值具有一定的影响。通常而言，能够对重要的方针政策、重大事件等进行反映，具有较高权威性的文件的价值较大，如命令、决定、纪要、条例等；而用于对一般事务进行处理的文件的价值相对来说比较低，如简报、通知、来往函件等。

第二，文件的形成时间对档案的价值也有一定的影响。年代越久远的档案，其价值就越大。这是因为，档案产生的时间越早，保留下来的就越少。此外，在国家或机关重要历史时期形成的文件具有特殊的保存价值。

第三，文件的稿本，即文件是草稿还是定稿，文件是正本还是复印本等。文件的稿本不同，其保存价值也会有一定的差异。比如，草稿、修正稿都不是定稿，从法律上来说并不具有效力，因而通常没有保存的必要。但是，在某些情况下，如国家重要领导人直接对草稿、修正稿进行了修改与批示，则这样的草稿、修正稿都需要进行保存。

第四，文件的外观类型，即文件制成材料、记录方式、笔迹、图案等，它们的特殊性在一定程度上也影响档案的价值。比如，有些文件因载体材料的独特、古老、珍稀而具有文物价值；有些文件因出自书法家之手或装帧华美而具有艺术价值等。因此，在鉴定档案时，对于外观类型独特的文件要通过具体分析其特殊意义才能判定价值。

（四）档案鉴定工作的程序

在开展档案鉴定工作时，通常而言应遵循下面的程序。

1. 文件归档鉴定

这是各单位对于处理完毕的文件所进行的划定归档范围的工作。归档鉴定所依据的原则是国家档案局发布的《机关文件材料归档范围和文书档案保管期限规定》的内容。各个单位也可以根据国家的规定确定本单位的归档范围。这项工作通常由单位的文书人员或秘书人员承担。

2. 划定文件的保管期限

由于各种因素的影响，同属于一个归档范围的文件常具有不同的保管期限，为此，在确定归档范围之后还需要对文件划定具体的保管期限。这项工作也应由单位的文书人员或秘书人员承担。

3. 档案价值复审

除了永久保存的档案外，其他定期保存的文件在保管期满之后，需要对其价值进行复审，以确定是继续保存还是予以淘汰。档案价值复审主要采取两种形式：一是到期复审，即对于短期或长期保管的档案，在保管期满后重新审查其是否确实丧失了保存价值，对保管期满档案的复审周期可以逐年进行，也可以若干年度进行一次；二是移交复审，即档案室向档案馆移交档案时，档案室人员和档案馆接收人员共同对所移交的档案的保管期限进行的审查工作。

4. 销毁无价值档案

对于经归档鉴定和价值复审确认为没有保存价值的档案，应按照规定的手续和方法予以销毁。这项工作通常由档案部门承担。

二、档案保管工作的内涵

（一）档案保管工作的含义与意义

档案保管工作是指在档案入库后所进行的存放、日常维护和安全防护等管理工作。开展档案保管工作，目的是维护档案的完整，并尽可能保护档案不受损害。

在档案管理中，开展档案保管工作有着十分重要的意义，具体表现在两个方面：一方面，档案保管工作有助于对真实的历史进行反映。档案中所记录的是真实的历史，只有将这些档案原件保管好，使这些档案的内容永久保存，方能够对历史的原貌进行真实反映，也能够方便党和国家在未来开展工作时对这些档案进行有效利用。另一方面，档案的寿命与档案保管工作具有密切的关系，当保管工作适宜且得当时，档案的寿命会相对延长，反之则会缩短档案的寿命。因此，必须有效开展档案保管工作。

（二）档案保管工作的任务

档案保管工作的任务，具体来说有以下几个。

1. 防止档案的损坏

档案保管工作的基本原则就是“以防为主，防治结合”。防是档案保管工作中的根本问题，要防止人为地破坏档案，防止各种不利因素损毁档案，特别是对重要档案、核心档案，要注意重点保护，立足于防，最大限度地消除各种不利因素的影响。

2. 延长档案的寿命

要从保管工作制度、办法以及技术处理措施上，提出保护档案的具体要求，延长档案的寿命，以适应档案长期保存的需要，从而有利于档案的长远利用。

3. 维护档案的安全

档案的安全主要涉及两方面的内容：一方面是档案实体的物质安全；另一方面是档案内容特别是机密内容的政治安全。因此，在开展档案保管工作时，必须积极采取有效措施来维护档案的安全。

4. 建立和维护档案的存放秩序

为了使档案入库、移出、存放井然有序，能够迅速地查找档案，并随时掌握档案实体的状况，档案室（馆）要根据档案的来源、载体等特点，建立一套档案入库存放的规则和管理办法，使档案不管是在存放位置上还是被调阅移动都能够处于一种受控的状态。

（三）档案保管工作的内容

基于档案保管工作的任务，档案保管工作要包括以下几方面的内容。

1. 正确认识和全面把握档案的安全现状和破坏档案的各种因素

档案的安全现状和破坏档案的各种因素直接影响着档案保管工作的内容。首先，正确认识档案的安全现状包括了解馆（室）藏档案进馆（室）前后的保管措施、保管过程、有无损坏、损坏程度如何等，以便于确定今后的工作目标和工作内容；其次，破坏档案的因素多种多样，表现形式不一，对档案损坏的过程和损坏程度不同，只有全面把握威胁档案安全的各种因素的特点、表现形式，工作才能有的放矢，有针对性地将各种因素对档案的破坏降至最小。可见，正确认识和全面把握档案的安全现状和破坏档案的各种因素，是对工作对象和工作先天影响因素的深入剖析，回答了“管什么”“为什么管”的问题，是档案保管工作有效开展的前提。

2. 提供档案保管的基本物质条件

档案安全、妥善的保管，离不开基本的物质条件；基本物质条件的好坏，直接影响着档案的寿命。良好的物质条件保证，有利于档案的长久保存；反之，恶劣的物质条件，直接危害着档案的安全。

确保档案妥善保管的基本物质条件包括档案库房、档案装具、档案保管的设备、档案包装材料等，这些条件要满足有利于档案长久保存的原则、规范和标准。不同载体的档案，如纸质档案、胶片档案、磁性载体档案、光盘档案、电子文件等材料和形成原理不同，影响其耐久性的因素不同。因此，在保管中档案库房、装具、设备等基本保管条件也存在较大的差异，尤其对于电子文件，如何在保管中确保其长期可读、可用，已成为档案保管工作的新内容。

3. 制定和完善档案保管的各项制度和标准

制定关于档案保管工作的制度，有利于档案工作者和档案利用者规范自己的行为，明确在档案保管和利用过程中应该做什么、如何做，有何责任和义务，避免人为原因造成的对档案的损害，最大限度地保护档案。

档案保管工作标准有利于工作的规范化，有助于降低工作成本，减少工作中因人而异产生的对档案保管的变化，有利于为档案保管创造最佳的条件和环境。在档案保管工作中，从国家层面，到地方各级各类档案馆（室）应形成完整的档案保管工作制度和标准体系，以实现档案保管工作的标准化和规范化，维护档案的完整与安全。

4. 做好日常的档案保管工作

日常档案保管工作从内容方面看，包括防盗、防水、防火、防潮、防尘、防鼠、防虫、防高温、防强光、防泄密等；从工作地点来看，包括档案库房中的保管和档案库房外的保管，在库房外的保管又可分为在流通传递中的保管和在利用中的保管。在库房中的保管，主要由档案工作人员来完成，而在库房外的保管，则需要档案工作人员和档案利用者共同来实现，因此，使利用者同样以“爱惜”的态度，科学合理地利用档案也是日常档案保管工作的重要内容。日常档案保管工作繁杂琐碎，但又是档案保管的基础性工作，因此，需要档案工作人员精益求精、细心、耐心地来实现。

5. 开展有针对性的档案保护工作

采用专门的技术和方法对受损程度较大、有重要价值或其他亟须修复的档案进行保护，延长档案的寿命，这是档案保管工作的一项重要内容。

对档案产生破坏的种种因素中，虽然有些因素我们是难以控制的，但我们可以采取相应的保护措施，利用先进的技术，将损失降到最低。比如，通过纸质档案修裱技术能帮助一定程度破损的档案恢复原貌，已成为抢救档案的一项不可缺少的且具有中国特色的专门技术。这些专门的保护措施专业性、技术性较强，且细微细致，需要专门的人才，需要大量的财力、物力的保障，但它在延长档案寿命、保护人类文化历史遗产等方面发挥着重要的作用。因此，每个档案馆（室）在做好日常保管工作的同时，应根据馆藏状况，将有针对性地开展档案保护工作纳入档案保管工作的整体规划。

（四）档案保管工作的要求

档案保管工作的要求，具体而言有以下几个。

1. 注重日常管理工作

在开展档案保管工作时，需要做好档案库房管理的日常管理工作，包括归档和接收的案卷及时入库；调阅完毕的案卷及时复位；定期进行案卷的清点和检查，发现问题及时处理。只要持之以恒地坚持严格的日常管理，就能保证库房内档案的良好状态。

2. 重点与一般兼顾

档案的保管期限与其自身所具有的价值有着密切的关系，因而在开展档案保管工作时要遵循重点与一般兼顾的要求。对于单位的核心档案、重要立档单位的档案、需要长久保存的档案，应该加以重点保护，尽量延长档案的寿命。同时，对于一般性、短期保存的档案也要提供符合要求的保管条件，确保其在保管期限内的安全和便于利用。

3. 预防为主，防治结合

在档案保管工作中，保护档案实体安全的方法概括起来主要有两类：一是如何预防档案实体损坏的方法；二是当环境不适宜档案保管要求时或当档案实体受到损坏后如何处置的方法。在归档或接收的档案中，实体处于“健康”状态的档案占绝大多数。因此，在档案保管工作中，积极“预防”档案受到各种不良因素的破坏是主动治本的方法。我们应该采取各种措施，确保这些档案的长期安全。同时，还应该加强日常管理和检查，及时发现档案实体出现的“病变”情况，以便于迅速地采取各种治理措施，阻断或消除破坏档案的有害因素，修复被损害的档案，使其“恢复健康”。预防为主，防治结合，才能全面保证档案实体的安全。

4. 立足长远，保证当前

对档案进行保管，最为重要的一个目的便是方便国家以及相关单位对其进行利用。因此，在对档案进行保护时，必须充分考虑到档案的利用特别是未来问题，不可只关注眼前方便利用而危害未来的长远利用。也就是说，在进行档案保管时，必须遵循“立足长远，保证当前”的要求，以切实处理好档案的当前利用与长远利用的矛盾。

（五）档案保管工作的物质条件

档案保管工作的有效开展，必须以一定的物质条件为支撑。档案保管工作的物质条件即档案保管所需的一切物质装备，具体包括以下几方面的内容。

1. 档案库房

档案库房建筑是档案保管最基本的物质条件，是档案保管中长期起作用的因素，其质量直接影响档案保管中各项设备的采用与效果。为此，国家档案局制定了《档案馆建筑设计规范》，作为档案管理机构建设档案库房的标准。

在实际工作中，因受职能、规模、财力等因素的限制，各档案室（馆）在库房建筑配置上不可能完全一致，因此应该分情况解决。档案馆应该按照《档案馆建筑设计规范》的要求建造档案库房；档案室在档案库房的选址或建造上也应该尽量向《档案馆建筑设计规范》的要求靠拢。在无法达到其要求的情况下，也必须满足以下几方面的要求。

第一，档案库房要有足够的面积，开间大小要合适。

第二，库房必须专用，不能与办公室合用，也不能同时存放其他用品。

第三，档案库房必须是坚固的正规建筑物，临时性建筑不能作为档案库房。

第四，档案库房应该远离火源、水源和污染源，符合防火、防水、防潮、防光、防尘、隔热等基本要求。因此，全木质结构的房屋和一般的地下室均不宜做档案库房使用。

第五，档案库房的门窗应具有良好的封闭性。

2. 档案包装材料

档案的包装是非常重要的，它既可以有效地防止光线、灰尘、有害气体对档案的直接危害，也可以减少管理过程中对档案的磨损。现在通用的国家标准的档案包装形式有三种：一是卷皮。它是包装文件的基本方式，分为软卷皮和硬卷皮两种。卷皮不仅是为了保护文件，同时，它本身也是案卷的封面，对查找利用也是很方便的。二是卷盒。采用卷盒来保管案卷在目前是一种比较好的方法，它不仅能够防光、防尘和减少磨损，同时，科学的卷盒也便于管理。但是，制作卷盒费用比较大，因此，一般只对珍贵的档案用卷盒包装。三是包装纸。有些文件可以用比较结实的纸张把它包装起来，但这只是一种临时措施。

3. 档案装具

档案装具是指用以存放档案的柜、架、箱，它们是档案室（馆）必需的基本设备。档案装具应该坚固耐用、存取方便、密封良好，并有利于防水、防火等，因此，最好用金属材料制成。

目前的档案装具中，活动式密集架可以有效利用库房空间，兼具坚固、密闭的性能。活动式密集架平时各架柜合为一体，调卷时可以手动或自动分开，比常规固定架柜节省近 2/3 的库房面积。新建库房如果使用活动式密集架则可比使用常规固定架柜节省近 1/3 的建筑费用。但是，安装活动式密集架要求地面承重能力较大，因此必须考虑整个建筑物的坚固程度以及使用年限等相关因素。

4. 档案保管设备

档案保管设备是指在档案保管、保护工作中使用的机械、仪器、仪表、器具等技术设备，主要有空调机、去湿机、加湿器、温湿度测量及控制设备、报警器、灭火器、电脑、复印机、装订机等。

5. 消耗品

消耗品是指用于档案保管工作的低值易耗物品，如防霉防虫药品、吸湿剂、各种表格及管理性的办公用品等。

档案库房、装具、设备、包装材料和消耗材料在档案保管工作中构成一个保护链条，共同发挥着为档案创造良好环境、防护档案免受侵害、维护档案完整和安全的作用。因此，档案室(馆)在开展档案保管工作时,应根据档案保管的整体要求和自身的情况,本着合理、有效、实用、节约的原则对这些物质条件进行配置。

第二节 档案鉴定工作的制度和组织

一、档案鉴定工作的制度

为了保证档案鉴定工作的质量和防止有意破坏档案，使档案的鉴定和销毁工作有组织、有监督地进行，必须建立和健全档案鉴定工作制度。通常而言，档案鉴定工作制度应包括以下几方面的内容。

（一）制定档案鉴定工作的标准

档案鉴定工作必须以一定的标准为依据。通常而言，档案鉴定工作要由党和国家及其档案行政管理机关制定统一的鉴定标准，各地区、各系统、各机关据以制定具体的鉴定标准。

比如，国家档案局发布的《机关文件材料归档范围和文书档案保管期限规定》（以下简称《规定》）所规定的文书档案保管期限划分标准就属于统一的标准，各机关应根据该《规定》，结合本机关职能和各部门工作实际，编制本机关的文件材料归档范围和文书档案保管期限表，经同级档案行政管理部门审查同意后执行。有垂直领导关系的党中央、国家机关应依据该《规定》，结合本系统工作实际，编制本系统的文件材料归档范围和文书档案保管期限表，并经国家档案局审查同意后执行。各个机关或系统在编制本机关或本系统文件材料归档范围和文书档案保管期限表时，应全面分析和鉴别本机关（本系统）文件材料的现实作用和历史作用，准确界定文件材料的归档范围和划分档案保管期限。各个机关、团体、企业事业单位都必须根据规定的标准进行鉴定。

（二）建立档案鉴定工作的组织

在明确了档案鉴定工作的标准之后，就需要进一步有组织、有领导、有计划地开展档案鉴定工作。档案室和档案馆的档案鉴定工作，必须有组织、有领导地进行。按照《机关档案工作条例》和《档案馆工作通则》等文件规定，机关的档案鉴定工作，必须在机关办公厅（室）主任的主持下，由档案部门和有关业务部门组成鉴定小组共同进行，鉴定工作结束后，应提出工作报告。档案馆对无须继续保存的档案进行鉴定和处理须征求有关部门的意见，并经领导机关批准。

（三）制定销毁档案的批准制度和监销制度

《机关档案工作条例》和《档案馆工作通则》等文件规定，机关应定期对已超过保管期限的档案进行鉴定，鉴定工作结束以后，应提出工作报告，对确无保存价值的档案进行登记造册，经机关领导人批准后销毁。档案馆经过鉴定需要销毁的档案，必须报请主管领导机关的批准。销毁 1949 年以前的档案，同时还须报国家档案局。未经鉴定和批准，不得销毁任何档案。机关销毁档案，应指定两人负责监销，防止档案遗失和泄密，同时，监销人要在销毁清册上签字。

在制定销毁档案的批准制度和监销制度时，还需要制定完整的档案销毁制度，具体包括以下几方面的内容。

1. 编制档案销毁清册

档案销毁清册是登记经鉴定需要销毁档案的内容、成分、数量的表册；其作用是提供给有关领导人或有关领导机关对需要销毁的档案进行审查和批准，以及日后作为查考档案销毁情况的依据。

档案销毁清册封面的项目有全宗号、全宗名称、编制档案销毁清册单位名称、编制时间等。档案销毁清册主表的项目有序号、年度、档号、案卷或文件题名、文件数量、原保管期限、销毁原因、鉴定时间、备注等。上述登记项目可以酌情增减。

2. 编制立档单位和全宗简要说明

为了便于本单位领导人或主管领导机关了解待销毁档案的情况，做出正确的决定，档案馆（室）还需要编制立档单位和全宗简要说明。立档单位和全宗简要说明的内容包括立档单位和全宗历史概况、档案所属年代及其保管期限、销毁档案的数量及其内容、档案鉴定的概况和销毁档案的主要理由等。销毁档案的数量及其内容部分可以粗略地分类进行介绍。档案馆（室）应将立档单位和全宗简要说明与档案销毁清册一并向本单位领导人或主管领导机关送审。

3. 明确销毁档案的方法

准备销毁的档案在未获批准之前应单独保管，以便审批时对其进行检查，或不批准销毁时恢复保存。准备予以销毁的档案经批准后，一般可将其送往造纸工厂做纸张原料。若档案室（馆）远离造纸厂或待销毁档案特别机密，则可采取自行焚毁的方式。

为保守党和国家的机密，严禁将需要销毁的档案作其他用途，更不允许作为废旧纸张、书刊出卖。

销毁档案无论采取何种方式，均须指派两人以上执行监销任务。档案监销人员在销毁现场监督，直到确认档案已经销毁完毕，然后在销毁清册上注明销毁方式、“已销毁”字样和销毁日期，并签字，以示负责。

对于已经获批准确定销毁的档案，为慎重起见，不必立即执行销毁，可以“暂缓执行”，搁置一段时间，经审查没有发现问题后再实施销毁。

二、档案鉴定工作的组织

就当前来说，档案鉴定工作的组织主要有两类，即档案鉴定小组和档案鉴定委员会。

（一）档案鉴定小组

档案鉴定小组是现行单位的档案鉴定工作组织，现行单位一般由机关档案室会同文书处理部门、有关业务部门人员和部门领导或分管领导共同组成“档案鉴定小组”负责档案的鉴定工作。其具体职责有以下几个。

第一，讨论和制订档案鉴定计划和具体的档案鉴定标准。

第二，实施组织和具体操作本单位的档案鉴定工作，并就档案鉴定工作中遇到的疑难问题做出决断。

第三，评议档案鉴定结果并提出评估意见，并为单位领导最后审批鉴定报告提供依据。

（二）档案鉴定委员会

档案鉴定委员会是档案馆的档案鉴定工作组织，一般由档案馆馆长、馆内有关业务人员、同级档案行政管理机构相关人员共同组成，在具体鉴定某一部分档案时，还应邀请有关单位的人员参加。由于档案馆保存的档案大多都是经过鉴定的，因此，档案馆的鉴定工作一般主要表现为对需要永久保存的档案加以复审，对保管期限已满的档案进行销毁鉴定，具体审查销毁清册，并对档案的存毁做出决定。但是，档案馆内往往也保存有一些以前没有经过鉴定的文件，对这些文件的鉴定往往需要档案鉴定委员会领导和监督有关鉴定事项的正常进行。

三、档案保管期限表

为了保证档案鉴定工作的质量、提高档案鉴定工作的效率、保证档案鉴定工作的顺利进行，必须编制档案管理的指导性文件，档案保管期限表便是其中一种形式。

（一）档案保管期限表的含义

所谓档案保管期限表，就是借助于表册的形式对档案的相关内容（如档案的内容、档案的保存期限等）进行呈现的文件。各档案馆（室）在对档案的价值及其保存期限进行确定时，都需要依据档案保管期限表。

（二）档案保管期限表的作用

档案保管期限表的作用，具体来说有以下几个。

第一，借助于档案保管期限表，档案鉴定工作者能够更好地开展工作。在档案保管期限表的指导下，档案鉴定工作者对于档案鉴定工作的依据与标准能够形成统一认知，这对于保证档案价值鉴定的准确性具有重要的作用，同时，也能够有效避免档案鉴定工作人员因观点不同而出现争执现象，继而有效提高档案鉴定工作的效率。

第二，档案保管期限表能够帮助单位档案部门对档案的保管期限进行确定。

第三，档案保管期限表上具体规定何种档案必须保存，何种档案应该销毁。在这一规定的指导下，能够有效避免档案被错误销毁，继而确保档案的完整和安全。

（三）档案保管期限表的类型

就当前而言，我国主要存在以下几种类型的档案保管期限表。

1. 通用档案保管期限表

通用档案保管期限表是由国家档案行政管理机关编制的，供全国各类单位鉴定档案时通用的保管期限表。通用档案保管期限表相比其他的档案保管期限表来说，有以下两个鲜明的特点。

（1）通用性

通用档案保管期限表对全国各机关所共有的文件种类的保管期限进行了明确规定，是全国各机关确定共有文件的保管期限的重要依据与标准。

（2）依据性

各类单位和系统在对适合自身的档案保管期限表进行制定时，必须依据通用档案保管期限表。通常而言，各类单位和系统所制定的档案保管期限表的保管期限可比通用档案保管期限表的保管期限略长。

2. 专门档案保管期限表

这类档案保管期限表是各类单位和系统在对专门档案的价值进行鉴定并明确其保管期限时的一种指导性文件，通常由国家档案行政管理机关会同有关主管部门进行编制。

3. 同系统机关档案保管期限表

这类档案保管期限表是类属于同一系统的各个机关在对档案的价值进行鉴定时的依据，通常由各个系统的主管领导机关进行编制。此外，这类档案保管期限表在制定后须报送国家档案局备案，并要抄送各省（自治区、直辖市）档案局。

4. 同类型机关档案保管期限表

这类档案保管期限表是归属于统一类型的各个单位对档案价值进行鉴定的依据，通常由档案行政管理部门或主管领导机关进行编制。

5. 机关档案保管期限表

这类档案保管期限表的编制者是各个机关，而且其只是本机关对档案价值进行鉴定的依据。

（四）档案保管期限表的结构

档案保管期限表通常由顺序号、条款、保管期限、附注以及总的“说明”等部分组成，其中，最为基本的项目是条款和保管期限。条款较多的保管期限表，还须把条款加以分类。

1. 顺序号

顺序号是档案保管期限表的各条款经系统排列后在各条款前统一编定的自然数顺序号。这一号码对于固定条款位置具有重要的作用。此外，档案鉴定工作人员在借助档案保管期限表对档案进行鉴定时，可以将顺序号作为引用条款的代码。

2. 条款

条款是一组类型相同的文件的名称或标题，如“本单位召开会议的文件材料”“本单位召开的工作会议和重要的专业会议文件材料”等。在档案保管期限表中，条款是一项不可或缺的内容。

（1）条款的拟定

在对条款进行拟定时，通常要求能够将文件的重要内容都反映出来，包括文件的来源、文件的形式以及文件的内容等。此外，拟定条款的文字必须简洁、明确，没有语法逻辑错误。不过，条款在结构上并不绝对要求文件的来源、内容、形式三者齐全，应视档案保管期限表的适用范围、各种文件的特点及其价值做适当调整。

（2）条款的排列

档案保管期限表的条款排列形式主要有两种，具体如下。

①条款分类排列

条款分类排列就是按照一定的方法对条款进行分类，以便于档案鉴定人员进行查找与使用。通常而言，对档案条款进行分类的依据有内容、来源、形式等。比如，将档案分为会计凭证类、会计账簿类、财务报告类、其他类四个类别，十分便于查找。

②条款不分类排列

条款不分类排列就是因条款的内容少或是条款的内容不容易进行划分而不对条款进行分类，但需要按照一定的逻辑顺序对条款进行排列。比如，按照“会议文件”“上级机关文件”“本级机关文件”“同级机关文件”“下级机关文件”的顺序排列。

3. 保管期限

保管期限即某一档案需要保存的时间，其通常需要依据档案的价值进行确定。就当前而言，档案的保管期限主要分为两种，即永久保管和定期保管。其中，定期中又分为长期和短期两种。在表述习惯上，往往不采取这种逐层划分方法，而平列地直称永久、长期和短期三种。

（1）永久保管

凡是反映本机关主要职能活动和基本历史面貌的，对本机关、国家建设和历史研究有长远利用价值的档案，列为永久保管。通常来说，永久保管的文件主要包括以下几类。

第一，本机关制定的属于法规政策性的文件。

第二，本机关召开重要会议、举办重大活动等形成的主要文件材料。

第三，本机关职能活动中形成的重要业务文件材料。

第四，本机关关于重要问题的请示与上级机关的批复、批示，重要的报告、总结、综合统计报表等。

第五，本机关机构演变、人事任免等文件材料。

第六，本机关房屋买卖、土地征用等重要的合同协议、资产登记等凭证性文件材料。

第七，上级机关制发的属于本机关主管业务的重要文件材料。

第八，同级机关、下级机关关于重要业务问题的来函、请示与本机关的复函、批复等文件材料。

（2）定期保管

凡是反映本机关一般工作活动，在较长时间内对本机关工作有查考利用价值的文件材料，列为定期保管。通常来说，定期保管的文件主要包括以下几类。

第一，本机关职能活动中形成的一般性业务文件材料。

第二，本机关召开会议、举办活动等形成的一般性文件材料。

第三，本机关人事管理工作形成的一般性文件材料。

第四，本机关一般性事务管理文件材料。

第五，本机关关于一般性问题的请示与上级机关的批复、批示，一般性工作报告、总结、统计报表等。

第六，上级机关制发的属于本机关主管业务的一般性文件材料。

第七，上级机关和同级机关制发的非本机关主管业务，但要贯彻执行的文件材料。

第八，同级机关、下级机关关于一般性业务问题的来函、请示与本机关的复函、批复等文件材料。

第九，下级机关报送的年度或年度以上计划、总结、统计、重要专题报告等文件材料。

此外，机关形成的人事、基建、会计及其他专门文件材料的归档范围和档案保管期限，按国家有关规定执行。

4. 附注

附注是在条款之下对条款及其保管期限所做的必要的注解或说明。比如，对条款中“重要的”和“一般的”可以注解为：“重要的，是指方针政策性或重大问题的、具有科学历史价值的文件材料”“一般的，是指一般业务和事务性问题、科学历史价值不大的文件材料”。又如，一些合同、协议书、借据的保管期限，往往需要从有效期满后算起，可在保管期限后注明“失效后”的字样。

5. 说明

在档案保管期限表的说明中，通常应包括以下几方面的内容。

第一，档案保管期限表的制定依据。

第二，档案保管期限表的适用范围。

第三，档案保管期限表的结构。

第四，档案保管期限表中保管期限的计算方法。

第五，其他需要说明的问题。

以上只是档案保管期限表一般的结构，可以根据各种档案保管期限表的特点，增加或减少某些项目。

（五）档案保管期限表的编制

在对档案保管期限表进行编制时，需要做好以下几方面的工作。

1. 准备工作

在编制档案保管期限表之前，必须对机关的具体情况（如机关的地位、职能、任务等）以及机关之前所制定文件的相关状况（如文件的种类、数量、利用情况等）进行详细考察。在对机关之前所制定文件的相关状况进行考察时，往往可以借助于立卷类目、案卷目录等材料。

在对通用的、专门的同系统机关和同类型机关的档案保管期限表进行制定时，不能仅仅对个别机关及其文件制定情况进行考察，而是需要对若干具有代表性的机关及其文件制定情况进行综合考量，总结出带有共性、规律性的认识。

2. 起草工作

在对机关的自身情况及其文件制定情况进行充分了解与研究后，便可以起草档案保管期限表了。在这一过程中，需要对档案保管期限表的结构体系、格式以及内容进行明确。如果档案保管期限表的条款较多，为了将条款加以分类，在拟写条款之前还应考虑和拟出条款的分类方案，使所拟条款符合分类的体系。

3. 征求意见和修正草案

档案保管期限表的草案编成后，应分送各单位征求意见，经修正的草案，须送领导审查批准。一些比较小型的机关，由于产生文件较少，文书工作与档案工作往往集中由一个单位或一人来进行，也可把机关档案保管期限表与机关文件立卷用的立卷类目合编，在立卷类目的每一条款下指明其保管期限。

第三节 档案的库房管理

档案库房管理工作是档案保管工作的主要内容，做好经常性的、具体的库房管理工作，是做好档案保管工作的基础，是整个档案工作顺利进行的必要条件。具体而言，档案的库房管理需要做好以下几方面的工作。

一、确保库房建筑符合档案长期安全保管的要求

档案库房是长期保管档案的重要基地。库房建筑是否符合档案长期安全保管的要求，将直接影响到档案的保护环境，影响到档案的寿命。一个建筑布局合理的库房，不仅可

以延长档案的寿命，同时也能大大降低档案保管费用。因此，库房的建筑对于档案的保护是有重要影响的。为此，在选择库房建筑的地址、形式等时，都需要符合一定的要求。

（一）库房建筑的地址

档案库房建筑地址的选择是一个既重要又复杂的问题，通常来说应符合以下几方面的要求。

第一，库址应选在地势较高、场地干燥、排水通畅的地段，不应选在江、河、湖泊或地势低洼的地方，也不应选在地下水位高的地方。

第二，库址应选在空气清洁和空气流通的地段，不应选在工矿企业区，也不应在其下风处，以避免有害气体及灰尘对档案的不利影响。

第三，库房在档案馆中应集中布置，自成一区，与其他建筑应有一定的距离，不应选在邻街位置，也不应选在易爆物附近，以确保档案的安全与防火要求。

第四，库房周围应适当留有备用地，以满足不断扩建的需要。

在实际选择库房地址的工作中，各种要求往往难以同时满足，有些要求甚至还会相互矛盾，因而选择库址应从实际出发，权衡利弊，慎重考虑，做出正确的选择。

（二）库房建筑的形式

档案库房是一种特殊建筑，它既不同于民用建筑，也不同于一般的仓库。由于档案本身的价值，要求档案库房不仅能存放档案，而且能将档案长期或永久地保管下去，这就必然要对档案库房建筑在防热、防潮、防光、防有害气体等方面提出一些更为严格的要求。

第一，库房屋顶直接承受太阳的辐射热和雨水的冲淋，对库房的温湿度影响较大，因此，库房屋顶的建设要有利于防热防水。隔热的措施主要有：采用实体材料来隔热，即在屋顶中铺设一层导热系数小的隔热材料来提高屋顶的隔热效果，建筑上常用泡沫混凝土、膨胀珍珠岩、稻草板、矿棉、泡沫塑料等做隔热材料。使用隔热材料时，应注意采取必要的防水措施，加做防水层来防止隔热材料渗水。采用空气间层隔热，即利用空气导热系数小的特点，把空气作为隔热材料来使用，利用封闭空气间层来做隔热屋顶，变实体结构为空心结构。另外，在我国南方地区气候炎热多雨，人们为了隔热防水，创造了双层瓦通风屋面和大阶砖通风屋面。屋顶的防水措施通常有卷材防水、刚性防水和构件自防水三种。卷材防水是使用沥青和油毡重叠组合在一起，覆盖在全部屋面上，做到严密无缝，形成一个以堵住雨水渗漏的不透水的防水层。一般的做法是二毡二油。油毡最大的缺点是年久老化，有时甚至起鼓、腐烂、不耐久。刚性防水是利用水泥及其制品（水泥砂浆、混凝土、钢筋混凝土）的密实性做成屋面防水层来防水。其缺点是自重大，施工工序多，操作不够方便，而且由于热胀冷缩及材料本身干缩开裂而导致渗漏或结构变形撕裂而漏水。所以，为了提高刚性防水层的防水效能，可在刚性材料中掺入一些防水剂和加气剂。构件自防水是靠屋顶构件自身的密实性达到防水效果，较多使用的是槽瓦、小青瓦、平瓦等。这种屋面重量较轻，施工方便，维修也比较容易。

第二，库房墙体受外界的气温变化、风吹雨淋、日晒等大气侵蚀的影响较大，因此，库房墙体也要采取一定的防热防潮措施。通常的做法是加厚墙体。墙体越厚，传热量越小，外界气温对库房温度影响越小。

第三，根据档案库房的隔热防潮要求，门窗应少而小，能满足通风要求即可。为了减少阳光直接射进库房的面积和时间，窗子应尽量开得窄一些，库房每间开窗洞面积与外墙面积之比，不应大于 1 ： 10。东西墙不开窗，因为太阳辐射热对西墙影响最大，东墙次之，南墙较小，北墙最小，所以开窗以南北窗为宜。对于天然采光的库房，应采用防紫外线玻璃，也可安装毛玻璃、花纹玻璃、彩色玻璃来防光。也可在窗子上采用不同形式的遮阳措施，以减少太阳辐射热的影响。此外，库房门应做成双门，在两门之间形成一个过渡间，以减少库外空气对库内的影响。门以木制厚门为好，因为木材导热系数小，有利于隔热。

第四，走廊本身是一道较厚的空气层，有保温隔热的作用。利用走廊的空间铺设管道和安装空调等设备，可省去对库房空间的挤占，并可利用走廊空间做一些可行性管理工作。由于西墙是隔热重点，因而内走廊应首先考虑设在西向，其次是东向。不设内走廊的库房，也可在西侧设楼梯，同样也能起到隔热作用。

（三）库房建筑的其他要求

第一，库房建筑的承重量要符合负载要求，应做到既不浪费又符合安全需要。

第二，库房开间面积应根据存储档案的类别、数量等情况酌情考虑，宜采用大小开间混合设计。一般来说，大开间面积为 201 ～ 300m^2，中开间面积为 101 ～ 200m^2，小开间面积在 100m^2 以下。库房的高度一般以 2.5 ～ 2.8m 为宜，库房过高，不仅会造成空间的浪费，也不利于对库房温湿度的控制。

第三，库房照明应以普通白炽灯为宜，为防止灯泡炸裂，可在灯泡外面罩上一个防尘玻璃罩。已使用日光灯的库房，应对日光灯进行紫外光处理，以减少日光灯发出的紫外线的照射作用。库房灯光的设置，应在相邻两个架（柜）的中间，灯与架（柜）顶端的垂直距离不应少于 40cm，灯的瓦数以能看清架（柜）最底层的档案卷号为准。

第四，库房的供电导线应用铜芯线，配电盘不应装在库房内，配电线路宜装保护管暗敷在非燃烧体结构内。电源箱内要安装两相和三相各种插座，以备去湿机、空调器或吸尘器等电器的使用。

二、建立良好的库房管理秩序

良好的库房管理秩序对于库房管理工作的顺利开展具有重要的作用，具体而言可通过以下几个途径建立良好的库房管理秩序。

（一）对档案库房进行编号

为了有序地管理档案库房，也为了方便档案库房的管理工作，应对拥有多间或多幢档案库房的档案馆（室）的库房进行统一编号。

档案库房编号有两种方法：一种是为所有的库房编统一的顺序号，这种方法适用于库房较少的档案馆（室）；另一种是根据库房的所在方位及库房建筑的特征进行编号，如“东一楼”“红三楼”等。楼房内的库房自下而上分层编号，每层的房间从楼梯入口处自左至右顺序编号；平房应先分院或排，然后从左至右统一按顺序编号。

（二）对档案装具进行合理排列与编号

1. 档案装具的排列

库房中档案装具应排列有序，不同规格、不同式样的档案架、柜、箱应该分开排列，做到整齐划一。如果是有窗库房，档案装具应与窗户呈垂直走向排列，以避免强烈光线直射；对于无窗库房，档案装具的排列也要注意有利于库房的通风。

此外，档案装具的排放应注意最大限度地利用库房的空间，同时，也要宽度适宜，以便于档案的取放和搬运。一般情况下，档案装具之间的通道宽度应便于档案管理人员的工作与小型档案搬运工具的通行。在排放档案装具时应注意其不要紧贴墙壁。

2. 档案装具的编号

为了便于对库房内档案的管理，所有档案装具应统一编号。一般的编号方法是自库房门口起，从左至右、自上而下依次编档案装具的排号、柜架号、格层号（箱号），其号码采用阿拉伯数字。

（三）按全宗排列的方式存放档案

在库房，档案的存放要按全宗排列。全宗排列方法，主要有按全宗顺序号流水排列法和全宗分类排列法两种。前者对库房空间和全宗实体的安排比较方便，后者对全宗的系统管理和全宗的信息控制比较有利。此外，档案按照全宗进行排列并不是说在任何情况下各种不同类型的档案都必须存放在一起，一些特殊类型的档案，如照片、影片、录音、录像档案以及会计档案、科技档案等，应该分别保管。为了保持文件之间的历史联系，应该在案卷目录、全宗指南等检索工具中说明属于同一全宗、因类型不同而分别保存的档案的保管情况，并在全宗末尾放置全宗保管位置参见卡，指明存放地点。

在对库房的档案进行全宗排列时，还应特别注意以下几个方面。

第一，应按一个全宗接一个全宗的顺序依次集中排列，不得打乱全宗混合排列。

第二，各全宗应按分类顺序排列，不得打乱类别顺序混合排列，排定后应编制库房号、柜架号、栏格号，以便存取。

第三，案卷应竖放，特殊档案（如宽幅面图纸）可平放，但要注意存取方便和防止因重压受损。

第四，声像档案应按载体材料的特殊要求排放。

（四）对档案架进行合理排放与编号

库房中档案架的排放，应特别注意以下几个方面。

第一，应排列一致，横竖成行，大小式样不同的架子可分类，尽可能做到整齐一致。

第二，有窗库房的架子排列，应与窗户垂直，以避免强烈光线的直射；无窗库房架子的排列，纵横均可，但应注意不要有碍通风。

第三，应注意最大限度地利用库房的地面与空间，但是也要便于档案的搬运和取放，不宜太松或太紧。

（五）编制档案存放地点索引

档案存放位置索引是以表册或卡片的形式，记录档案在库房及装具中存放位置的一种引导性管理工具；其作用是指引档案管理人员准确无误地调取、归还案卷以及进行其他项目的管理工作。由于档案存放位置索引能够清晰地反映各个全宗、案卷的存址，因此，它在档案馆（室）档案的迁移中具有更为突出的引导和控制作用。

档案存放位置索引的体例，主要有以下两种。

第一，指明档案存放处所的存放位置索引，这种索引是以全宗及各类档案为单位编制的，指明它们存放于哪些库房及装具中。

第二，指明各档案库房保存档案情况的，这种索引是以档案库房和档案架为单位，指出它们保存了些什么档案。

此外，档案存放位置索引还可以制作成大型图表，张贴于办公室或库房入口的醒目之处，以方便管理人员使用。

（六）设置档案装具所存档案标识牌

装具所存档案标识牌是在每一列、每一件、每一层（格、箱）装具表面醒目处设置的标牌，以标明每一个档案架、柜、箱中所存放档案的起止档号，以便检查和调还档案。

（七）编制档案代理卡

由于提供利用或档案馆（室）内部工作需要，经常将库房中已经上架的档案暂时移出库外。为了便于库房管理人员掌握档案的流动情况和安全检查，对于调出时间较长的案卷，可以填制一种卡片放在档案原来存放的位置上，这就是通常所说的“代理卡”或“代理卷”。

档案代理卡的使用方法是事先准备好印有固定栏目的卡片备用；每当从库房中调出一个或一组卷号相连的案卷，就填写一张代理卡，然后放置于所调出案卷的位置上；案卷归还时再将其取下。

档案代理卡是一种行之有效的微观管理手段，库房管理人员如果能够在调卷时认真填写、正确使用，还卷时仔细核对，则可以有效地防止档案放错位置的现象。尤其是在档案利用频繁、档案出入库数量大的情况下，其效用更为明显。将使用过的档案代理卡积累起来，还可以作为统计、分析档案利用情况和规律的数据。

（八）建立全宗卷

全宗卷是档案馆（室）在管理某一全宗的过程中形成的，记录和说明该全宗历史情况的专门案卷；它是一个全宗在形成和管理活动中形成的“档案”。在开始档案的库房管理工作时，应在每一个全宗的管理中建立全宗卷，以记载立档单位和全宗历史演变情况。

通常而言，全宗卷需要包括以下几方面的内容。

第一，在收集环节产生的材料，如档案交接凭证、征集历史档案的记录等。

第二，在整理环节产生的材料，如整理工作方案、档案分类方案、全宗内档案数量及状况记录。

第三，在档案鉴定环节产生的材料，如档案保管期限表、档案销毁清册、档案鉴定记录、立档单位与全宗历史考证等。

第四，在保管环节产生的材料，如安全检查记录和对破损档案采取的补救措施等。

第五，在统计登记和提供利用过程中产生的材料，如登记统计记录、全宗指南、机关大事记、组织沿革等。

全宗卷的建立是一个由少到多、不断积累的过程。全宗卷在管理上不宜装订，而适宜使用活页夹或档案袋（盒）进行保存，以便于材料的积累和整理。全宗卷内的材料积累到一定程度，应该进行清理。如果全宗卷内的文件数量较多，也可以分为若干卷。

全宗卷是围绕全宗的管理活动而形成，并以一个全宗为单位组合成的案卷。因此，全宗卷不属于全宗内的一个案卷，在管理上不能与全宗内的档案混合在一起，而应单独存放。其存放方式是每个全宗的全宗卷，可以按照全宗号进行排列并专柜保管，也可以置于每个全宗排列的卷首。

三、进行档案的安全检查

对档案进行安全检查也是库房管理工作中的一项重要工作，通过开展这项工作不仅能发现工作中的缺点，及时纠正，而且能有效维护档案的安全和完整。

档案的安全检查可以分为两种形式，即定期检查和不定期检查。其中，定期检查期限不宜过长，一般以半年为宜，最长不超过 1 年，以便及时发现问题和妥善解决。不定期检查应在下列情况下进行：一是档案库房发生水灾或火灾之后；二是发现档案有遗失、被盗情况或其他可疑现象时；三是发现档案有虫蛀、鼠咬、霉烂、水湿等现象时；四是档案保管人员调换工作时。

在检查中发现的问题，如不能自己解决的，要及时报告上级主管部门或者有关领导，请求予以解决。

四、做好库房卫生工作

档案库房卫生工作是库房管理中一项经常性工作。库房卫生搞得好，不仅可以为档案的保存提供一个整洁的环境，同时也可以防止有害生物的产生。

（一）库房卫生工作的要求

库房卫生工作的要求，具体来说有以下几个。

第一，四壁、天花板、地面清洁无尘、光洁明亮。

第二，档案装具无土无尘。

第三，库内器具物品放置有序。

第四，库房内不得堆放与库房管理无关的杂物。

（二）库房卫生工作的开展途径

为保证库房卫生，应做到以下几点。

第一，经常打扫库房卫生，擦去墙壁、地面、天花板等处的浮土浮尘。

第二，对档案装具及全库进行定期消毒，以免害虫滋生。

第三，对于新增添的装具、将入库的档案，入库前必须进行擦洗、除尘和消毒。

第四，管理人员入库应穿工作服、换鞋。非库房管理人员禁止入库，尽量少接待和不接待库房参观。

第五，库房周围不应有污水沟、污物堆放处，否则会影响库内卫生。

五、做好库房的保卫保密工作

档案是国家的文化财富，其中许多是有机密性的，因此，做好库房保卫保密工作是极其重要的。在开展这项工作时，可具体从以下几方面着手。

第一，库房管理人员首先应做好防盗，必须堵塞一切可能失窃的漏洞。库房管理人员和值班人员必须恪尽职守，严防任何盗窃和破坏事件的发生。

第二，非库房管理人员未经批准，不得随便入库。进入机密库房时，应严格执行出入库房制度。

第三，珍贵的绝密档案应放入保险柜，在专门的地点保存。

第四，出入库房的档案，应进行仔细的清点和登记。

第五，要杜绝一切失密的可能，管理人员非因工作不得谈论档案内容。

六、营造良好的库房内部环境

营造良好的库房内部环境，最为关键的是有效控制库房的温湿度。

（一）控制库房温湿度的重要性

库房空气温湿度是影响档案寿命的诸因素中最重要的因素之一，因此，必须加强对档案库房温湿度的控制。不适宜的温湿度，不仅直接影响档案材料的耐久性，还会加速其他一切不利因素对档案材料的破坏作用。如果库房温度过高，会使纸张纤维素发生水解反应，使纸张干燥发脆，强度降低，高温还会使耐热性较差的字迹记录材料（如复写、圆珠笔记录）发生油渗扩散现象，使字迹模糊不清，无法阅读。同时，高温也有利于害虫、霉菌的生长繁殖。温度过低，会使纸张中的水分结冰，影响纸张的耐久性。

库房潮湿，纸张中的纤维从空气中吸收水分，使档案纸张变潮，在其他因素的作用下，就会使纤维素水解过程加快，从而影响纸张的强度。同时，库房潮湿会使耐久性较差的纯蓝墨水、红墨水等字迹材料逐渐发生扩散甚至褪色现象。潮湿还有利于档案有害生物的生长与繁殖，会促进空气中有害气体、灰尘、光线等不利因素对档案材料的破坏作用。库房湿度过低，会使纸张中的纤维变干、变硬、变脆，纸张强度下降。

如果库房温度忽高忽低，湿度忽大忽小，同样会使纸张纤维热胀冷缩变化太快、吸潮放湿太频繁而导致纸张强度降低。可见，库房温度过高过低或忽高忽低，湿度过大过小或忽大忽小，都会影响档案材料的耐久性。因此，将档案库房温湿度控制在一定范围内，对于改善档案的保管条件，延长档案的寿命是十分重要的。

（二）控制库房温湿度的方法

当档案库房的温湿度指标超出规定的范围时，就应采取一定的措施，改变库房的温湿度，将库房的温湿度控制在适宜的范围内，常用的方法有以下两个。

1. 密闭

密闭就是将库房或特定的空间范围尽可能地封闭起来，以防止库外不适宜的温湿度对库内发生影响，以达到延长档案寿命的目的。密闭是一种比较简单的控制库内温湿度的方法。具体方法有门窗密闭和档案装具密闭两种。

2. 通风

通风即根据空气流动的规律，有计划地使库内外的空气进行交换，以达到调节库内空气温湿度的目的。

通风的方式有自然通风和机械通风两种。其中，自然通风是利用库房内外空气的温度差和气压差进行通风换气。库房内外温度差和气压差越大，通风效果越好。但风力过大，空气中含尘量增加，此时通风，不利于档案库房的防尘。因此，通风时库外风力以不超过三级为好。自然通风不需要动力投资，也不存在噪声问题。所以，这是一种经济有效的通风方法，但受气象条件限制，故有一定的局限性。机械通风是指借助机械力量，使库房内外空气进行交换，以达到较高、较快的通风要求。

机械通风种类很多，最简单的一种是在库房通风口上安装通风机，条件允许的单位，可安装空气调节设备进行通风。机械通风不受气象条件限制，通风速度快、效果好，但需要一定的动力，投资较高。

不论采用何种方式通风，都应注意以下两点：一是通风时，要不断注意库内外温湿度的变化，测得准确数值，作为判断能否通风的依据。如果通风已达到目的，应停止通风并密闭库房，以保持通风效果能稳定一个较长时间。二是如果利用自然条件通风，还要注意库房外的风力和风向。库房内外温差太大，风力太大或风中吹来有害气体，此时库房不宜进行通风。

七、做好档案的各类预防工作

（一）防火

档案的制成材料是易燃物品，一旦发生火灾，造成的损失将是难以估量的。因此，在开展档案的库房管理工作时，档案工作部门必须建立防火制度，做好档案的防火工作。具体而言，档案工作部门可从以下几方面着手来开展档案的防火工作。

第一，实行防火责任制，加强消防安全检查，消除一切发生火灾的可能性。

第二，建立健全管理制度，库房内严禁吸烟，严禁明火取暖，库房周围严禁堆放易燃物品。

第三，配备充足的灭火设备，做好灭火的准备。

第四，要提前拟订档案抢救方案与措施。

（二）防盗

档案是党和国家的文化财富，一旦失窃，不但档案受损失，甚至机密泄露，将会给国家造成重大危害。因此，做好档案的防盗工作，是一项十分重要的工作。从某种意义上说，它比防治档案的自然损毁更重要。档案工作部门应采取一定的防盗措施，防止档案失窃。常用的防盗措施有以下几个。

第一，加强档案工作人员的防盗教育，增强他们的防盗意识。

第二，底层库房门窗安装防盗门、防盗窗（网）。

第三，尽量安装防盗报警装置，对借阅档案的人员进行监督检查。

第四，非库房管理人员未经批准，不得随便进入库房，同时，对这类人员进出库房要严格登记检查。

第五，珍贵的、绝密的档案应放入保险柜，在专门地点保存。

第六，档案出入库房，应进行仔细的清点和登记，防止抽掉档案和篡改档案内容。

（三）防光

光（包括太阳光和人造光）对档案文件的破坏作用很大，其中，破坏作用最大的是太阳光，尤其是太阳光中的紫外线。太阳光能破坏档案纸张，使档案纸张断裂、发脆，同时会加速纸张的氧化反应，使纸张变脆，失去耐久性；还会加速墨水、复写纸、圆珠笔迹、油墨等有机染料字迹褪色。因此，做好库房的防光工作，是延长档案寿命的重要工作之一。

在库房管理中，常用的防光措施有以下几个。

第一，在库房窗子上，采用遮阳板等遮挡阳光，以减少太阳光对档案的破坏。同时，可在窗户内侧挂窗帘、安装百叶窗、在玻璃上涂刷紫外线吸收剂，以减少紫外光的进入。

第二，档案应放在柜子里、卷盒里，不要放在靠窗的阳光处。

第三，禁止在阳光下阅读文件，特别是珍贵文件。

第四，陈列文件用复制件，不用原件。

第五，当大量文件受潮而又无其他办法救急，必须放在室外吹晾时，切忌放在阳光下曝晒。

第六，库房内使用人造光源时，应使用白炽灯（普通钨丝灯泡），不使用日光灯。因为日光灯紫外线含量比白炽灯高，并且日光灯装有整流器也对安全不利。

（四）防尘

灰尘也会对档案造成一定的损害，因而档案工作部门必须做好档案的防尘工作。为此，库房及装具必须有良好的密封性；可配备吸尘器，加密封门或过渡门，安装空气过滤器，防止灰尘和有害气体进库；搞好库房及装具卫生；加强库房周边的绿化，及时排除污染源等。

（五）防虫

档案害虫对档案的危害非常大。轻者蛀蚀成洞，重者使档案成为碎片，失去利用价值。因此，应采取有效措施，防治档案害虫。常用的防虫措施有以下几个。

第一，档案入库时要对其进行灭菌消毒，并要在库房内放置防虫药品。

第二，破坏档案害虫的生态环境，防止档案害虫的生长繁殖。比如，控制库房的温湿度，做好库房的清洁卫生工作，定期对档案库房进行消毒，定期对档案进行翻阅检查，在档案架（柜）的适当位置放置樟脑等驱虫剂等。

第三，一旦发现档案中有害虫时，若档案中只有少量害虫，可以把档案竖起来，用手轻轻拍动，使害虫掉下，消灭即可；若档案中有大量害虫，可用磷化铝片剂进行熏蒸来杀虫，也可采用低温冷冻法进行杀虫。对于档案架（柜）上的害虫，可在架（柜）上放敌敌畏或灭虫灵来杀虫。

除此之外，还需要做好防水工作，档案的库房应建在地势较高、有利于防洪的位置，同时库房内及附近不能有水源；防潮工作，每天测量库房湿度，发现湿度过高时及时调整；防霉工作，定期检查档案文件，放置防霉药品，发现有霉变迹象及时通风等。

第五章 档案信息化建设

第一节 信息技术概述

20世纪末，信息技术，特别是数字技术和网络技术的迅猛发展，正在深刻地改变着信息的收集、组织、管控、保管、传递和利用方式，这种改变广泛渗透到人类生活的各个方面和社会发展的各个领域，给人类社会的进步注入了强大的动力，极大地提升了社会生产力，也给各项事业的发展提供了宝贵的机遇。认清信息化潮流，抓住信息化机遇，应对信息化挑战，顺势而为，乘势而上，是21世纪我国档案事业发展的突出主题、战略举措和神圣使命。

我国的档案信息化建设是在信息技术日新月异、国家信息化战略不断推进、电子政务建设迅猛发展的多重背景下发展起来的。其中，信息技术是档案信息化的前提和基础。认识信息化和信息技术的基本概念和知识，有利于把握档案信息化的基本规律，克服盲目性，提高自觉性，增强对信息化战略的执行力。

一、信息化基本概念

信息化是当今世界发展的大趋势、大潮流，是各地区、各领域发展的战略制高点。在档案信息化建设的理论研究和实践推进中，档案工作者需要掌握信息化的基本概念和特点。

（一）信息

客观世界有三大要素，即物质、能量和信息。人们较早地认识了物质，始于18世纪60年代的工业化时期才认识能量，并发现了物质和能量的转换关系。20世纪50年代以后，信息科学发展成为一门新兴学科，至今方兴未艾，并深刻地影响着世界。

研究信息化首先须认识信息。一般来说，信息有广义和狭义之分。广义（本体论）信息是指事物存在方式和运动状态的表现形式。其“事物”是指存在于人类社会、思维活动和自然界中的一切对象；其“运动”是指一切意义上的变化，包括机械、物理、化学、生物、思维、社会的运动。在这一层次上定义的是最广泛的信息，既包括自然信息，如鸟语花香、冬去春来；也包括社会信息，如政治信息、经济信息、军事信息、文化信息、科学技术信息、社会生活信息。狭义（主体论）信息是指人所感知或表述的事物存在方式和运动状态。“感知”是外界向主体输入信息；“表述”是主体向外界输出信息。本体论层次上的信息是客观信息，不以人的存在为前提。主体论层次上的信息建立在人的意志基础上，是人的认识、感知、理解、表达、传递能力的产物，用于特定目的，因此，其内涵要比本体论层次上的信息丰富得多。显然，档案信息属于主体论层次，是人按照自己的意志，在对本体信息效用价值判断的基础上有选择地感知、存储和表述的信息。信息技术的发展，极大地拓展和增强了人对本体信息的感知和表述能力，档案信息化应当充分利用信息技术的强大功能和技术条件，增强人类对社会记忆信息的掌控和驾驭能力。

（二）信息资源

信息资源也有广义和狭义之分。广义信息资源是指人类在社会信息活动中积累起来的信息、信息生产者、信息技术等信息活动要素的集合。狭义信息资源是指人类社会活动中经过加工处理后达到有序化并大量积累起来的有用信息集合。

随着信息技术，特别是互联网的普及，人们实实在在地感受到了信息的普遍性和价值性。将信息看作并转换为一种资源，是对信息或信息活动相关要素价值性高度认可的表现，是当今社会的一种先进意识。同时，从上述概念可以看出，不能随意地将信息称为信息资源。信息的资源化是有条件的，这种条件同样适用于档案信息资源。因此，我们在从事档案信息资源的建设时，也需要在“有序化”和“大量积累”上下功夫，并且要将与信息有关的信息生产者、信息技术等要素一并纳入信息资源建设和管理的范畴，实现信息资源体系的整体优化和信息资源价值的最大化。

（三）信息技术

档案信息化的物质基础是信息技术，全面认识信息技术是档案信息化建设的前提条件。信息技术是指完成信息的获取、传递、加工、再生和利用等功能的技术。它是一门综合性很强的高新技术，包括以下四项基本内容：一是感测技术，它是人的视觉、听觉、触觉等感觉器官功能的扩展，使人们能更好地从外部世界获得各种有用的信息。二是通信技术，它是人的神经网络功能的扩展，其作用是传递、交换和分配信息，消除或克服空间上的限制，以便更有效地利用信息资源。三是计算机及人工智能技术，它是人的思维器官记忆、联想、计算功能的扩展，使人们能更好地存储、加工和再生信息。四是控制技术，它是人的效应器官（手、脚、口）功能的扩展，它是根据输入的指令对外部事物的运动状态实施干预，实现信息的效应。

（四）信息化

信息化是指社会经济结构从以物质与能源为重心向以信息与知识为重心转变的过程。也就是在经济和社会活动中，通过普遍采用信息技术和电子信息装备，更有效地开发和利用信息资源，推动经济发展和社会进步，使利用信息资源创造的劳动价值在国民经济生产总值中的比重逐步上升，直至占主导地位的过程。因此，信息化不是一种固定的状态，而是一个动态变化的过程。这个过程有着丰富的内涵，包含两个支柱、三个层面、四个特点。全面认识信息化的内涵，有利于我们准确把握信息化的基本规律，引导和促进档案信息化事业持续、健康地发展。

“两个支柱”是指数字化和网络化。数字化是将现实世界中的各种模拟信息转变为以二进制代码表示的数字信息，供计算机处理和网络传输的过程。数字化是信息化的基础，没有数字化就没有计算机技术和信息技术。网络化是指利用通信技术和计算机技术，把分布在不同地点的计算机及各类电子终端设备互联起来，按照一定的网络协议相互通信，以达到所有用户都可以共享软件、硬件和信息资源的目的。网络化是信息化的手段，没有网络化，计算机终端就成为“信息孤岛”，难以提升数字信息的价值。由此可见，档案信息化建设必须紧扣数字化和网络化两个主题。

“三个层面”：一是信息技术的开发和应用过程，这是信息化建设的技术基础。信息技术的开发和应用是信息技术与档案工作有机结合和融合的过程，在很大程度上影响档案信息化发展的效率和质量。二是信息产品制造业不断发展的过程，这是信息化建设的物质条件。信息产品包括计算机软硬件和网络产品，它在很大程度上决定了档案信息化平台建设，也进而决定了档案信息系统建设的水平。三是信息资源的开发和利用过程，这是信息化建设的核心与关键。档案信息资源是档案信息化管理和利用的对象，其本身的规模和质量，以及潜在和显性的价值，决定了档案信息化的效率和效益。这三个层面是相互促进、共同发展的过程，需要全面、协调、持续地投入和发展。在档案信息化建设过程中，需要建立档案信息化发展长效机制，充分利用和平衡这三个层面的互动关系。

“四个特点”：一是渗透性，信息化可以渗透并融入人类社会生活的各领域，深刻改变人类的工作、学习、交流、生活等方式。二是增值性，信息化可以实现信息的增值，使信息转变为信息资源，进而转换为知识，通过网络共享，广泛地传递信息、传承文化、传播知识，不断提升信息资源创造的社会价值和经济价值。三是创新性，一方面，信息技术的应用能够带来管理观念、管理理论、管理方法和管理手段的全面创新；另一方面，管理观念、管理理论、管理方法和管理手段的全面创新也将提高信息技术的应用水平和应用效能。四是带动性，信息化可带动档案行政管理和档案业务管理水平的全面提升。

二、计算机系统的基本构成

计算机系统一般由硬件系统和软件系统构成。硬件又称“裸机”，它出厂时好像刚出生的婴儿，具有被开发的潜能，但是不具备应用能力，需要软件对它进行“智力开发”。软件是人按照自己预定的目的和要求，编写的操作指令的集合。它相当于人脑，可以按照人的意志，模仿人的智慧，指挥硬件实现预定的功能。由此，硬件是软件的物质基础，软件是硬件的灵魂，软件指挥硬件的数据存取，数据运算处理，以及输入、输出和网络设备的运行。

硬件由主机、外部设备和网络设备组成；软件由系统软件和应用软件组成。

三、硬件系统

（一）主机

主机相当于人的大脑，具有控制、运算和记忆功能。包括中央处理器和内存储器两部分。

1. 中央处理器（CPU）

中央处理器是计算机系统的核心部件和指挥中枢，主要由控制器和运算器组成。控制器是计算机系统的指挥中心，它根据计算机操作指令，向计算机的各个部件发出控制信息，使计算机系统按照人的意志有条不紊、协调一致地运行。运算器是根据控制器发出的指令进行逻辑运算、算术运算的部件。

CPU 的技术指标主要由主频、总线速度、工作电压等所决定，它也决定了计算机系统的技术效能和档次。一般来说，主频和总线速度越高，计算机系统运行的速度也越快；工作电压越低，计算机电池续航时间提升，运行温度降低，也使 CPU 工作状态更稳定。当前，各种移动终端的发展和普及就是得益于 CPU 技术的迅猛发展。

2. 内存储器

内存储器又称主存储器，简称内存，它是相对于外存储器而言的。运行时，内存储器与外存储器交换数据和程序，又将数据、程序与 CPU 进行交换，向 CPU 发出操作的指令和被处理的数据，再将处理完毕的数据存入外存储器。内存储器分为 ROM（只读存储器）和 RAM（随机存储器）两种，ROM 存放计算机启动和运行的最基本的程序和参数；RAM 存放正在运行的程序和中间数据。内存储器的容量等指标，也决定着计算机系统的性能和档次。

（二）外部设备

外部设备是主机与外界交换信息的中介和枢纽，其配置和使用在很大程度上受到主机技术性能的制约。

1. 外存储器

外存储器又称辅助存储器，简称外存，用于存放暂时不用，需要长期保存的数据和程序。外存可以根据需要，批量地与内存交换数据和程序。外存向内存传输数据称为“读”数据；内存向外存传输数据称为“写”数据。外存储器主要有磁盘、磁带、光盘、闪存、磁卡等。

存储器的主要技术指标是容量。存储器容量是指存储器存放数据的总量，以字节（Byte）为单位，缩写为B。一个B通常由8个二进制位组成，16个二进位合成一个字（Word）。存储器容量通常以KB（1KB=1024B）、MB（1MB=1024KB）、GB（1GB=1024MB）、TB（1TB=1024GB）为单位。随着存储技术的发展和大数据时代的到来，计算机容量单位也越来越海量化。目前，还有更大的容量单位PB（1PB=1024TB）、EB（1EB=1024PB）和ZB（1ZB=1024EB）等。

外存储器的选择和配置是档案信息化基础设施建设的主要内容，是存储档案数据的主要载体。

2. 输入设备

输入设备是将外部世界的数据输入计算机系统的设备。目前常用的输入设备有键盘、鼠标、话筒、摄像头、扫描仪、翻拍仪、触摸屏、无线射频识别等。

传统的输入设备是键盘和鼠标。键盘按应用可以分为台式机键盘、笔记本电脑键盘；按工作原理可以分为机械键盘、塑料薄膜键盘、静电电容键盘。其中，机械键盘价格低，易维护，使用普及；薄膜键盘无磨损，价格低，噪声低，应用广泛；电容键盘经久耐用，手感好，代表了键盘技术的发展方向。鼠标按工作原理分机械式和光电式；按是否接线分有线鼠标和无线鼠标。

随着多媒体技术、图像技术的发展，话筒、摄像头、扫描仪等输入设备的应用日益普及。话筒又称传声器，是声电转换的器件，按转换方式分为动圈话筒和电容话筒。摄像头是一种影像信息输入设备，可分为数字摄像头和模拟摄像头两大类，被广泛用于数码照相、录音、录像。扫描仪、翻拍仪是纸质载体信息模数转换设备，也是档案数字化的重要工具。

随着手机、平板电脑等移动终端的发展，触摸屏的应用也极其广泛，并给计算机用户带来崭新的体验。

无线射频识别（RFID），又称射频识别，是通过无线电讯号识别特定目标并将相关数据读入计算机系统，而无须在识别系统与特定目标之间建立机械或光学接触的一种数据传输技术。此项技术在档案信息化中有很好的应用前景。

3. 输出设备

输出设备是将计算机系统的数据进行输出的设备，与输入设备一起，构成计算机与外部世界交换信息的通道。常用的输出设备有显示器、扬声器、打印机等。

显示器是显示计算机处理结果的器件，主要有CRT（阴极射线显像管显示器）、LCD（液晶显示器）、LED（发光二极管显示器）、PDP（等离子显示器）四种。其中LED以其色彩鲜艳、动态范围广、亮度高、寿命长、工作稳定可靠等优点，适用于大型广场、商业广告、体育场馆等。PDP是采用等离子平面屏幕技术的新一代显示设备，其优越性是亮度和对比度高、厚度薄、分辨率高、无辐射、占用空间少，纯平面图像无扭曲，代表了未来电脑显示器的发展趋势。

扬声器(耳机)是电声换能器件,分内置扬声器和外置扬声器。外置扬声器一般指音箱，其音响效果好，而内置扬声器可以避免佩戴耳机所带来的不便。

打印机是将计算机处理结果输出在纸张等介质上的器件。一般分为针式、激光式、喷墨式、热敏式等。

（三）网络设备

网络设备是指用于网络连接、信号传输和转换的各类传输介质、网卡、集线器、交换机、路由器、光电转换等设备。

1. 网络传输介质

网络传输介质是指在网络中传输信息的载体，常用的传输介质分为有线传输介质和无线传输介质两大类。

第一，有线传输介质是指在两个通信设备之间实现的物理连接部分，它能将信号从一方传输到另一方。有线传输介质主要有双绞线、同轴电缆和光纤等。双绞线和同轴电缆传输电信号，光纤传输光信号。

双绞线，由两根具有绝缘保护层的铜导线相互缠绕而成，一般用于星型网络拓扑结构中。与其他传输媒介相比，双绞线在传输距离、信道宽度和数据传输速度等方面均受到一定的限制，但价格低廉，使用方便。

同轴电缆，其中心有一根单芯铜导线，铜导线外面是绝缘层，绝缘层外面有一层导电金属，用于屏蔽电磁干扰和防止辐射，最外面的绝缘塑料起保护作用。与双绞线相比，同轴电缆的抗干扰能力很强，屏蔽性能好，传输距离长，常用于设备与设备之间的连接。

光纤，又称光缆，是一种传输光束的细微而柔韧的介质，由一捆纤维组成，通过数据包在玻璃纤芯中的传播实现信息传播，是目前实现长距离、大流量数据传输的最有效的传输介质。光缆传输过程中信息衰减小、频带宽、电磁绝缘性能好、距离长，目前已经广泛用于主干网的系统连接和数据传输。

第二，无线传输介质是指我们周围的自由空间，即利用无线电波在自由空间的传播，实现多种无线通信。在自由空间传输的电磁波根据频谱分为无线电波、微波、红外线、激光等，信息被加载在电磁波上进行传输。

不同的传输介质，其特性也各不相同。它们的特性对数据通信质量和通信速度有较大影响。

2. 网卡

网卡又称网络适配器、网络接口卡，是将计算机等网络设备连接到某网络上的通道。网卡的主要功能是实现数据转换、数据包的装配与拆装、网络存取与控制、数据缓存等。网卡一般插在计算机主板的扩展槽内，通过收发器接口与缆线连接，缆线另一头接在信息插座或交换机上使计算机联网。选购网卡一般应考虑以下因素：生产厂家售后服务的有效性；用于主计算机、服务器还是工作站；使用什么网络介质或网络传输方式；计算机使用的操作系统；计算机或网络设备的总线类型等。目前，由于终端接入的便捷性，无线网卡正在快速发展。

3. 集线器

集线器是基于星形拓扑的接线点。其基本功能是分发信息，即将一个端口接收的所有信号向所有端口分发出去。一些集线器在分发之前将弱信号重新生成，一些集线器整理信号的时序，以提供所有端口间的同步数据通信。目前，集线器已基本被成本相近的小型交换机所替代。

4. 交换机

交换机是一种用于电信号转发的网络设备。它可以为接入交换机的任意两个网络节点提供独享的电信号通路，具有提供桥接能力以及在现存网络上增加带宽的功能。

5. 路由器

路由器是连接互联网中各局域网、广域网的设备，它会根据信道的情况自动选择和设定路由，以最佳路径，按前后顺序发送信号。目前，路由器已经广泛应用于各行各业，各种不同档次的路由器已成为实现各种骨干网内部连接、骨干网间互联和骨干网与互联网互联互通业务的主力军。无线路由器是带有无线覆盖功能的路由器，实际是一个转发器，将宽带网络信号通过天线方式转发给附近的笔记本电脑、平板电脑、手机等无线终端设备。目前流行的无线路由器一般只能支持 15 ～ 20 个以内的设备同时在线使用。

6. 光电转换器

光电转换器是一种类似 MODEM（数字调制解调器）的设备，和 MODEM 不同的是它接入的是光纤专线，是光信号。其原理是在远距离传输信号时，把电脑、电话或传真等产生的电信号，转换成光信号后在光纤里传播，这就需要光电转换器，它既可以把电信号转换成光信号，也可以把光信号转换成电信号。

还有一种光纤收发器，也被称为光电转换器，是一种将短距离的双绞线电信号和长距离的光信号进行互换的以太网传输媒体转换单元。这种设备一般应用在以太网电缆无法覆盖、必须使用光纤来延长传输距离的实际网络环境中，且通常定位于宽带城域网的接入层应用，将光纤最后一公里线路连接到城域网和更外层的网络上。档案部门在进行网络化基础设施建设时，不但要关注路由器、交换机乃至网卡等用于节点数据交换的网络设备，也要关注介质转换这种非网络核心设备。

四、软件系统

软件是一系列按照特定顺序组织的计算机数据和指令的集合。计算机之所以“聪明”，主要靠软件。软件的本质是人的意志和智慧，是人用特定的计算机语言，指挥计算机系统“做什么”和“怎么做”的指令集合。软件系统分两大类：系统软件和应用软件。

（一）系统软件

系统软件包括操作系统、数据库管理系统和各种工具软件等。

1. 操作系统

操作系统是管理计算机硬件资源，控制其他程序运行并为用户提供交互操作界面的系统软件的集合。操作系统是计算机系统的关键组成部分，负责管理与配置内存、决定系统资源供需平衡调剂的优先次序、控制输入与输出设备、操作网络与管理文件系统等基本任务。性能优良的操作系统，能提高计算机系统的运行效率和安全性能；操作系统的低效或故障，会造成信息系统的低效甚至瘫痪。

操作系统按照应用领域可分为桌面操作系统、服务器操作系统和嵌入式操作系统。

（1）桌面操作系统

主要用于个人计算机，个人计算机主要有两类：PC 机与 Mac 机。PC 机一般使用 Windows 操作系统；Mac 机使用基于 Unix 操作系统的 Mac OS 操作系统。Windows 操作系统有 Windows XP、Windows Vista、Windows 7、Windows 8、Windows 10、Windows NT 等；Unix 操作系统主要有 Mac OS X、Linux 发行版等。

（2）服务器操作系统

一般指的是安装在大型计算机上的操作系统，比如 Web 服务器、应用服务器和数据库服务器等。该操作系统主要有三类：一是 Unix 系列，包括 SUN Solaris、IBM-AIX、HP-UX、FreeBSD 等；二是 Linux 系列，包括 Red Hat、CentOS、Debian、Ubuntu 等；三是 Windows 系列，包括 Windows Server 2003、Windows Server 2008、Windows Server 2008 R2 等。

（3）嵌入式操作系统

该操作系统是根据计算机应用的特定需要，如智能手机的应用，专门设计并嵌入在特定终端中的操作系统。该操作系统广泛应用于数码相机、手机、平板电脑、家用电器、医疗设备、交通灯、航空电子设备和工厂控制设备等各种电子设备。常用的嵌入式操作系统有Linux、Windows Embedded、VxWorks等，以及广泛应用在智能手机或平板电脑等电子产品上的Android、iOS、Symbian、Windows Phone和BlackBerry OS等操作系统。

2. 数据库管理系统

为了应用计算机有效地管理和利用信息，人们需要将某些相关数据，如文书档案、科技档案的目录数据，按一定的方式进行组织管理，这就需要使用数据库和数据库管理软件。

数据库可以简单定义为：以一定组织方式存储在一起的相关数据的集合。这些数据具有一定的结构，尽可能小的冗余度，与应用程序彼此独立，并能为数据库管理系统的所有用户共享。在信息化社会，数据库技术是各类信息系统的核心，是科学管理和有效利用信息资源的重要技术手段。数据库管理必须借助专用的软件——数据库管理系统。

数据库管理系统（Data Base Management System，简称DBMS），是操作和管理数据库的一组软件，用于建立、使用和维护数据库。DBMS具有以下功能：一是描述数据库，运用数据描述语言，定义数据库结构；二是管理数据库，控制用户的并发性访问，数据存储与更新，对数据进行检索、排序、统计等操作；三是维护数据库，确保数据库中数据的完整、安全和保密，数据备份和恢复，数据库性能监视等；四是数据通信，利用各种方法控制数据共享的权限，在确保数据安全的前提下广泛共享数据。

数据库按结构不同一般分层次型、网络型和关系型三种。目前，常用的数据库管理系统主要是指关系型数据库管理系统（RDBMS），主流产品有SQL Server、Oracle、Sybase、Foxbase和Infomix等。

选择RDBMS的目的是存储档案目录数据和电子文件原文数据，实现对档案数据的有效管理。为适应档案业务管理需要，选择RDBMS主要考虑以下几个重要因素：

第一，档案管理软件所采用的数据库管理系统；

第二，数据库管理系统在数据库建立、数据备份、分布式数据存储与管理等方面的功能；

第三，数据库管理系统使用的方便性、易操作性、兼容性与可维护性；

第四，数据库管理系统所能提供的大文本存储、全文检索等功能；

第五，数据访问是否遵循统一的标准，是否可实现与其他格式数据库文件的转换。

我国档案信息化早期多数应用Foxbase关系型数据库管理系统，以至于许多单位的早期档案数据库都以DBF格式保存。该数据库管理系统在20世纪80年代中期PC机中占主导地位（市场占有率高达80%～85%），相继经历了dBASE U、dBASE HI、dBASE IV、Foxbase、Foxpro、Visual FoxPro等发展历程。其中，Visual FoxPro（简称VFP）又经过不断改良和版本升级，VFP 6.0及其中文版被广泛使用，它是32位数据库开发系统，不仅使组织数据、定义数据库规则和建立应用程序等工作变得简单易行，并支持过程式编程技术，而且在语言方面做了强大的扩充，支持面向对象可视化编程技术，并拥有功能强大的可视化程序设计工具。

3. 各种工具软件

软件工具是指为支持计算机软件的开发、维护、模拟、移植或管理而研制的软件系统。它是为专门目的而开发的，在软件工程范围内也就是为实现软件生存期中的各种处理活动（包括管理、开发和维护）的自动化和半自动化而开发的软件。开发软件工具的最终目的是为了提高软件生产率和改善软件运行的质量。

工具软件按照软件工程建设阶段可分为六类：模拟工具、开发工具、测试和评估工具、运行和维护工具、性能质量工具和程序设计支持工具。此外，还有许多辅助特定业务处理的工具软件，常用的有：办公软件、媒体播放器、媒体编辑器、媒体格式转换器、图像浏览工具、截图工具、图像 /动画编辑工具、通信工具、翻译软件、防火墙和杀毒软件、阅读器、输入法、系统优化 /保护工具、下载软件，等等。档案工作者熟悉和善于使用这些工具软件，往往可以解决档案业务处理中的一些大问题，起到“四两拨千斤”的效果。

事实上，Windows 等操作系统也附带一定的工具软件，如负责系统优化、系统管理的软件，这一类的软件被称作系统工具。顾名思义，与系统软件类似，系统工具作用于系统软件，而不是应用软件。常见的有系统优化（磁盘的分区、磁盘的清理、磁盘碎片整理等）、系统管理（驱动等）以及系统还原等软件。

（二）应用软件

系统软件的特点是通用，它并不针对某一特定应用领域。而应用软件的特点是专用，即针对特定的管理业务，并应用于某些专用领域的信息管理。如用于政府信息化的电子政务系统，用于企业信息化的电子商务系统，用于辅助行政办公和决策的办公自动化系统，用于机关档案室信息化的数字档案室系统，用于档案馆信息化的数字档案馆系统等。这里所指的应用软件具有以下特点：一是在特定的操作系统环境下，运用特定的软件工具研制而成；二是针对特定的信息处理需求和管理业务需求进行设计开发，且应用于特定的专业领域、行业、单位，或辅助特定的管理业务。

有些书将上述的工具软件，例如 Windows Office，甚至将数据库管理系统也列入应用软件的范畴。本书以“通用”和“专用”为区别的原则，还是将工具软件和数据库管理系统列为系统软件的范畴。其原因是：第一，这些软件虽然也专用于某些用途，如媒体播放，但是，这种工具还是具有一定的通用性，广泛应用于各个领域、行业和单位。第二，工具软件虽然也使用某些软件开发工具进行研制，但是，它也提供了二次开发的能力，可以作为各种应用软件的开发平台，如数据库管理系统。

第二节 信息化与档案工作

档案信息化不是简单地用计算机替代传统的手工作业，也不是将传统的管理方式复制到信息化平台上去。其本质上是档案工作和信息技术的结合，其成功与否也取决于这两者的融合，这种融合从概念到实践都是一场深刻的革命，赋予两者崭新的内涵。

一、档案信息化的概念

科学的定义是档案信息化实践的理论基础，有利于全面理解档案信息化的目标和任务，有利于按照信息化的客观规律推进档案事业的科学发展。什么是档案信息化？学界有多种定义，不同的视角会有不同的理解。本书采用《大辞海》中的定义："档案信息化是指在国家档案行政管理部门的统筹规划和组织下，以档案信息资源建设为核心，以信息人才为依托，以法规、制度、标准为保障，全面应用现代信息技术，不断改革传统的档案管理模式，有效提高档案信息资源收集、管理和提供利用服务水平，加速档案管理现代化的过程。"该定义总结了我国档案信息化的基本经验和基本规律，其内涵如下。

（一）必须由档案行政管理部门统筹规划和组织实施

档案信息化不是单纯的计算机应用，也不是具体的档案业务，而是事关全局和影响深远的复杂的系统工程。需要人才、设备、资金等方面的支持，需要全面、持续、稳步地推进，并需要经历较长的完善过程。因此，档案信息化不能各自为政、分头建设，而必须由各级国家档案行政管理部门建立统一的规划、制度、规范、标准，实行宏观管理和监督指导。同时，需要精心组织实施，在技术平台、网络体系、组织机构、人才队伍、资源建设、基础业务、建设经费等方面提供保障，才能确保这项事业持续有效地开展。

（二）必须以档案信息资源建设为核心

从某种意义上说，档案信息化的核心目标是使档案信息"资源化"，即将档案信息转换为真正意义上的档案信息资源。资源化不是简单地将档案信息做数字化处理，也不是简单地将其放到网络上传输，而是应用信息技术，使档案信息媒体多元化、内容有序化、配置集成化、质量最优化、价值最大化，通过档案信息系统的加工处理，确保各种社会信息的真实、完整、有效，便于跨越时空广泛地共享利用，在实现档案信息增值的同时，承担起传承人类记忆的历史使命。

（三）必须建立高素质的档案信息人才队伍

档案信息化是档案专业、信息专业和计算机专业的结合，属于技术密集和知识密集型专业。传统的档案干部队伍结构和人员知识结构已经不能完全适应档案信息化的需要。

目前，档案部门缺乏档案专业和信息技术专业的复合型跨界人才，特别是中、高级信息技术专业人才，这已经成为制约档案信息化深入发展的瓶颈。因此，一方面，要引进和培养相关人才；另一方面，要通过建立有效的激励机制，鼓励档案人员学习信息技术知识，提升档案信息化水平。

（四）必须在法规、制度、标准方面建立相应的保障体系

信息技术的应用必然向传统的保障体系提出全面的挑战。只有根据信息技术的特点和应用要求，不断制定和完善档案管理的法规、制度、标准、规范，才能确保档案信息系统的科学建设和有效运行。

（五）必须全面应用现代信息技术

信息技术具有强大的潜能，只有全面、成功地应用才能真正转化为生产力。所谓全面应用，有三层意思：一是与档案工作有关的各个工作部门和人员都要参与应用，而不是仅靠档案业务人员应用；二是应用于档案全过程管理的各项业务，而不是只应用于单项业务；三是引进、消化、吸收各种先进、适用的信息技术，并不断跟踪和应用新兴的信息技术，使信息技术真正成为档案事业发展的不竭动力。

（六）必须改革传统的档案管理模式

传统的档案管理模式建立在手工管理基础上，必然会出现与信息技术应用不相适应或不相匹配的问题。应当不断改革传统的档案管理模式，适应信息技术环境下的新型档案管理模式，而不能消极地让新技术适应传统的档案管理模式，这样才能最大限度地发挥信息技术应用的效能。

（七）必须树立强烈的效益意识

档案信息化不是作秀表演，不能徒有虚名，而要遵循经济规律，力争取得务实的效果。当然，档案信息化很难估量直接的经济效益。但是，在产出效果方面，要努力追求社会效益、长远效益。要树立大目标，不能满足于一般的省人、省事、省力，而要致力于解决传统档案管理中遇到的收集难、著录难、整理难、保管难、内容检索难、多媒体编研难，以及电子文件的保真、保密、保用等老大难问题，力争提升档案科学化、规范化的管理水平和服务水平，在促进社会改革、开放，经济发展、文化繁荣以及法制化、民主化进程中建功立业。

档案信息化的概念是在档案工作与信息技术相结合，档案管理理论研究和实践推进

相结合的过程中逐步形成的。档案界曾经有过许多与档案信息化类似或相关的概念，都强调了某些侧面，如“档案管理自动化”，它强调包括微机、微电子、缩微、复印、传真等自动化技术在档案管理中的应用；“计算机辅助档案管理”，它强调应用计算机人机交互、对话的方式，辅助档案管理的各项业务工作；“档案现代化管理”，除了强调档案管理应用计算机技术，实现管理手段的现代化以外，还强调档案管理理念、体制、方法的现代化；“文档一体化管理”，强调运用文件生命周期的理论，从公文和档案管理工作的全局出发，应用计算机技术实现档案的全过程管理和前端控制，提高文档管理的效率和质量。这些与档案信息化相关概念的形成，都是计算机技术及其在档案工作中应用状态、发展水平的标志，既反映了档案信息化理论研究和实践探索的阶段性成果，也反映了我国档案信息化发展的轨迹。

二、档案信息化历程回眸

我国档案信息化自 20 世纪 80 年代起步以来，经历了从弱到强，从低端到高端，从分散到整合的发展过程，取得了长足的进步。迄今为止，大致可以划分为三个阶段。

（一）探索起步，奠定基础阶段（20 世纪 80 年代）

这一阶段，计算机软硬件技术还处于初级阶段，数字化和网络化从概念到技术还未成熟，也未被认识。此时的档案信息化工作被称为“档案计算机管理”“档案管理自动化”或“计算机辅助档案管理”，强调运用计算机技术改善和辅助传统的档案管理。在此期间，档案馆起步较早。1979 年起，中央档案馆、中国人民解放军档案馆、国家档案局档案科学技术研究所等机构率先购置计算机设备，开始了档案管理自动化课题的研究和实验，至 1985 年底，全国已有 20 多个档案馆成功开发并运行计算机辅助档案管理系统。随后，企业档案部门对计算机应用热情高、发展快，至 20 世纪 80 年代末，研制出一批计算机辅助档案管理系统、文档一体化管理系统，利用技术创新和管理改革的结合充分发挥计算机应用效益。这些探索应用为我国档案信息化积累了宝贵的档案数据库资源，培养了一批热心于信息技术的业务技术骨干，也推进了档案信息化理论的发展。然而，当时在总体上尚处于探索、起步、奠基的阶段，应用的重点主要是在计算机单机上模拟传统的档案管理方式，辅助传统档案立卷、著录、编目、统计、检索等。多数档案部门尚未采用网络技术，计算机应用虽然在档案部门内部取得较好的效果，但是对外界的影响较小。

我国档案信息化起步较早，发展较快主要得益于：一是微机技术迅猛发展，并在档案部门迅速普及；二是全国开展档案工作恢复整顿和升级达标活动，计算机应用被纳入档案工作升级达标考核指标；三是通过升级达标，各单位普遍建立健全了档案管理规章制度和规范标准，提高了档案的内在管理质量，为档案信息化奠定了基础。

（二）项目带动，重点突破阶段（20世纪90年代）

20世纪90年代起，微软Windows操作系统伴随奔腾系列微机技术的加速发展，Office软件系统日益普及，办公自动化技术广泛应用，极大地激发了广大档案工作者应用信息技术的热情和需求。1993年，随着国家经济信息化战略的启动，电子政务系统的应用催生了大量电子文件；1996年，国家档案局成立了“电子文件归档研究领导小组”，开始对档案信息化建设进行宏观规划。全国档案部门以需求导向、以项目带动，研制出一大批各具特色的档案信息系统；积极开展档案科研，成功地应用了光盘、多媒体、CAD、条形码、数字水印、图像处理等技术；系统建设从单点应用到联网应用，从单项应用到综合应用，从归档后管理到文件的前端控制和全过程管理，从单纯模拟传统管理方式转向改革管理适应计算机技术应用；从对档案实体的管理转向对档案信息的管理；从封闭式应用转向开放式应用，文档一体化管理系统与电子政务、电子商务、企业信息化、办公自动化系统相连接，向着功能综合化、性能成熟化、管理专业化、传播网络化方向发展，计算机技术的应用效益进一步显现。

（三）宏观管理，全面推进阶段（21世纪以来）

进入21世纪，国家档案局加强对档案信息化的宏观管理，并将其纳入国民经济和社会信息化的总体规划。2001年，国家档案局、中央档案馆印发《档案管理软件功能要求暂行规定》，对档案管理软件的开发研制和安装使用进行了严格规范。2002年，国家档案局发布了《全国档案信息化建设实施纲要》，对档案信息化建设进行战略布局；同年，颁发国家标准《电子文件归档与管理规范》（GB/T 18894-2002），推动了我国电子文件管理工作的开展。2003年，国家档案局第6号令公布了《电子公文归档管理暂行办法》。2004年11月，国家信息化领导小组会议纪要中明确把档案信息化列入国家信息化基础信息库的建设计划。2006年，国家档案局印发的《档案事业发展“十一五”规划》中，将“建设较大规模的全国性、系统性、分布式、规范化的档案信息资源库群，建立一批电子文件中心和数字档案馆，实现档案信息资源社会共享”作为总体目标之一。2010年，国家档案局发布了《数字档案馆建设指南》，为各级档案馆推动馆藏档案资源数字化、增量档案电子化，逐步实现对数字档案信息资源的网络化管理以及分层次多渠道提供档案信息资源利用和社会共享服务提供了参考和依据。2011年，《全国档案事业发展“十二五”规划》将“加快数字档案馆及电子文件（档案）备份中心建设，完成国家数字档案馆建设总体规划的编制工作，对电子档案进行安全有效的管理”作为主要目标之一。2014年，国家档案局发布了《数字档案室建设指南》，推动数字档案室建设的开展。2016年，国家档案局关于印发《全国档案事业发展“十三五”规划纲要》，持续推进数字档案馆建设，加快提升电子档案管理水平，加快档案信息资源共享服务平台建设。2021年，中办国办印发《“十四五”全国档案事业发展规划》，档案信息化发展保障机制进一步完善，档案信息化建设进一步融入数字中国建设，新一代信息技术在档案工作中的应用更为广泛，信息化与档案事业各项工作深度融合，档案管理数字化、智能化水平得到提升，档案工作基本实现数字转型。

在国家档案局的统一规划和规范指导下，我国档案信息化向纵深发展：档案馆（室）藏档案数字化、电子文件归档管理、电子档案移交进馆、档案目录中心建设、馆藏档案数字化、档案公共网站建设，以及数字档案馆、数字档案室建设等蓬勃开展。以档案馆室联动、馆社（社区）联动、馆际联动为标志的集成化数字档案馆和数字档案室系统相继建立，各自为政、分头建设的应用局面有所改变。在档案信息资源整合的基础上，档案信息共享范围有所扩大，数字档案信息资源的安全控制能力和有效服务能力进一步增强，通过档案信息化和社会信息化同步推进，促进了档案事业和社会各项事业的联动发展。

这一阶段的档案信息化建设具有以下特点和成功经验：一是突出了归档电子文件管理，并延伸到多媒体档案和电子文件的内容管理。二是充分借助局域网、政务网和互联网平台实现各级档案部门以及文件形成部门的互联互通、数据交换和共享，形成区域性的档案信息资源库。三是信息来源大大拓展，可以利用各种技术手段，实现有价值的档案信息资源（包括实体和电子）的采集和接收，既解决了原业务流程以单一传统载体为管理对象的局面，也大大丰富了档案信息资源库。四是服务水平显著提升，通过对档案信息资源的深度挖掘，提炼出不同角度和不同用途的信息资源，通过不同途径面向不同用户提供全方位、多角度、深层次的档案信息服务。五是数字档案馆（室）建设如火如荼，如深圳市、青岛市率先启动数字档案馆建设；上海市通过数字档案馆建设实现民生档案远程协同服务，建立“馆室、馆社、馆际”三联动机制；北京市档案馆实行可公开档案的大规模数字化工作及推进面向社会的服务。六是逐步建立和完善了档案信息化的宏观管理体系，国家层面的档案信息化纲要、制度、规范、标准相继颁发，其他档案工作规划、制度、规范、标准也都融入了有关档案信息化的要求。

三、档案信息化的意义

档案信息化建设无论对于档案事业自身发展，还是社会信息化发展都具有十分重要的现实意义和深远的历史意义。

（一）是社会信息化建设的客观要求

人类已经进入崭新的信息社会。21 世纪，信息化被列为国家重点发展战略。信息化已经成为衡量一个国家、地区、企业或专业综合实力的重要标志，各行各业都在贯彻实施信息化战略。档案事业发展也必须主动适应时代潮流，搭上信息化快车，加快现代化步伐。

社会信息化包括政府、企业、家庭、社会保障体系信息化四大领域。这四个信息化都离不开档案信息化，因为这些领域的信息化已经或正在形成浩瀚的电子文件，这些新型文件打破了纸质媒体一统天下的局面，使信息的存储媒体、传播媒体、表现媒体呈现多元化发展态势。新媒体与传统媒体相融合，深入社会生活的各个领域，深刻地改变着人类的生存环境和生活方式，并留下精彩纷呈的数字记忆。这些记忆是社会的宝贵财富，迫切需要实行档案化管理，即采用信息技术手段进行收集、整合、保管和共享利用，以提高其整合度，延长其价值链，保障社会的全面、协调、可持续发展。因此，档案信息化是时代和社会信息化发展的客观需要。

（二）是档案工作现代化的必由之路

档案工作现代化是指用科学的思想、组织、方法和手段，对档案工作进行有效管理，使之获得最佳的工作效率、经济效益和社会效益的过程。信息化与档案工作的结合，不仅能减轻手工劳动，提高工作效率，而且能全面优化档案工作的各个要素，全面提升档案管理水平。

1.“化”观念

信息化是一个充满生机和活力的领域，也是公开、公平的人类活动平台。信息技术的应用，可以使档案工作者不断破除封闭、狭隘、守旧、畏难的落后观念，激发起开拓、开放、效益、效率、服务等先进意识，弘扬追求理想、崇尚科技、奋力改革、务实创新、图存图强、团队作业的精神风貌，营造尊重知识、尊重人才、鼓励创新的社会氛围，为档案事业的持续发展赋予强大的正能量。

2.“化”资源

档案信息资源是管档之基，用档之源。按照档案信息化的要求，需要将电子档案收起来，将存量纸质档案数字化做起来，将档案信息资源总库建起来。做好这些工作，就能逐步解决目前馆藏档案中存在的载体单一、门类不全、存储无序、利用不便等难题，显著增强档案资源的丰裕度、适用度、有序度、集成度、可靠度，使档案管理从实体管理转变为内容信息管理，再转变为知识管理，更好地满足社会大众不断增长的档案信息利用需求。

3.“化”管理

信息技术的应用，会暴露出传统管理模式的弊端，向传统管理模式提出挑战，从而促使档案管理部门加快建立与信息技术应用相适应的档案管理原则、体制、机制、规范和考核体系，加强档案收、管、用等各项基础工作，以保障档案信息化的顺利实施和建设成效，信息化管理水平越高，对改革传统管理观念和模式的要求也越高。因此，档案信息化的推进必将全面、持续地提升档案管理的现代化水平。

4."化"技术

先进和适用的技术永远是档案信息化发展的强大动力。然而，先进和适用有时会产生矛盾，只有进行档案信息化实践，才能使技术的先进性和适用性取得统一，产生效益；才能持续激励档案工作者关注、引进、吸收新兴的信息技术。事实证明，档案信息化一方面能促使先进的信息技术与档案管理有机结合，对档案和档案工作产生带动和增值作用；另一方面也会使信息技术在档案需求的导向下日臻完善，促进信息产业的发展。

5."化"队伍

信息化是技术密集型、知识密集型的事业，档案信息化对高素质人才具有依赖性。一方面促使我们去选拔和培养人才，更新档案人才队伍的专业结构和知识结构，并合理地组织和使用人才，最大限度地调动人才的积极性；另一方面档案信息化的理论研究和实践锻炼，又为人才的培养和能力的发挥提供了机会和舞台，使越来越多热衷于、尽心于、擅长于信息技术的档案人才脱颖而出，创新创业。

（三）是提高档案服务水平的必然选择

在传统的管理方式中，档案人员借助简单工具，通过手工方式对档案实体进行收、管、用。其局限性在于：只能通过档案实体（如文件、案卷、卷盒）的整理、存放、调用和传递，管理和利用档案的内容；用户利用档案，只能实时（上班时间）、实地（在阅览室）调用档案实体（案卷）进行查阅；档案信息难以脱离档案实体，灵活、高效地跨越时空，广泛共享。信息化时代的档案利用可以突破原有档案利用的局限，提高档案信息资源利用效率。

1. 直接查阅内容

电子档案信息内容和实体的可分离性，使我们可直接对档案信息内容进行灵活的分类、排序和组合，利用计算机检索途径多、能力强的优势，快速查找；同时，还能实现对档案信息内容的全文检索。

2. 提供多媒体信息

可以采用多媒体技术，提供声情图文并茂的多媒体档案信息，真正做到让记忆说话，让记忆显影，生动逼真地还原历史。

3. 跨越时空障碍

档案信息化系统可以借助互联网，将任何档案信息，在任何时间，传递到任何地点的任何人手中，彻底打破了档案信息传递的时空障碍，实现"全天候"服务。

4. 实现联动服务

通过网络将档案服务的主体，包括档案馆、档案室、社区事务受理服务中心的档案资源连成整体，通过数据集成的手段，在馆室联动、馆社联动、馆际联动的基础上，实现档案信息的“一站式”“一口式”或“一门式”服务，联动服务在民生档案服务中特别有效。

5. 服务的多样性

信息技术，特别是网络技术的应用，极大地拓宽了服务主体、服务对象、服务手段、服务形式和服务媒体，如网站查询服务、电话咨询服务、微博微信服务、个性化推送服务、主题展览服务等，使服务真正做到以用户为中心，以需求为导向，进一步改善档案部门的服务形象。

第三节 档案信息化的战略和任务

档案信息化不是一般意义上的档案工作，而是档案事业发展的战略性举措，即关于档案事业发展的全局性、长远性谋划。战略思维是大智慧，战略谋划是大手笔，只有战略正确、任务明确，才能保障档案信息化既好又快地发展。

一、档案信息化发展战略

档案信息化的标志性发展战略是21世纪初国家档案局颁发的《全国档案信息化建设实施纲要》，该纲要为今后制定发展战略奠定了基础。2006年的《档案事业发展“十一五”规划》中再次将档案信息化建设作为主要任务之一，提出：“加大管理力度，全面整合各类档案资源，促进档案信息资源总量增加，质量提高，结构优化；加强多形式多层次共享平台建设，推进服务机制创新，促进档案信息资源的公开、共享和再利用，全面提升档案信息资源开发利用水平和能力；加快优化档案信息资源开发利用工作的保障环境，建立长效发展机制。”2011年的《全国档案事业发展“十二五”规划》强调要加强档案信息化基础设施建设、加强电子文件管理和数字档案馆建设、加强数字档案资源建设、加强档案信息服务建设等。在全国档案信息化战略的指导下，各省市均将档案信息化建设纳入本地区档案事业发展规划和社会信息化发展规划。2016年的《全国档案事业发展“十三五”规划纲要》中全面推进档案资源存量数字化、增量电子化、利用网络化；创新档案信息化管理模式，加快与信息社会融合，以信息化为核心的档案管理现代化水平明显提升。2021年的《“十四五”全国档案事业发展规划》将档案信息化发展保障机制进一步完善，档案信息化建设进一步融入数字中国建设，新一代信息技术在档案工作中的应用更为广泛，信息化与档案事业各项工作深度融合，档案管理数字化、智能化水平得到提升，档案工作基本实现数字转型。

档案信息化的战略实施，即发展策略主要有以下几个方面。

（一）制订国家档案信息化发展专项规划

档案信息化建设作为国家档案事业发展的有机组成部分，在国家档案“三个体系”建设中举足轻重，其发展水平直接制约着“三个体系”建设效果。在科学制订国家档案事业发展规划的基础上，须同步配套制订《国家档案信息化发展规划》和《国家档案信息化中长期发展规划》作为专项规划，其目的是为了总结过去的经验教训，解决现有档案信息化建设中存在的短视行为、重复建设、无序状况，确保档案信息化建设协调有序地向广度和深度推进。国家档案信息化发展专项规划要研究档案信息化建设的战略定位和目标，明确实施阶段、落实任务完成的配套保障措施，做好与档案事业发展规划和国家信息化建设规划的相互衔接，把档案信息化建设的重大战略、重点项目、改革试点和政策要求纳入国家和各行业、各层面规划，并把解决档案信息化建设中突出矛盾的措施落实到具体的项目上，分清责任。

（二）加快档案信息化法规与标准体系建设

档案信息化工作要强化顶层设计的理念，加强立法、完善标准规范体系，使档案信息化工作有法可依，有章可循。档案工作肩负保存社会记忆的历史使命，在电子文件成为社会各项活动记忆的今天，需要从法律层面明确档案信息化的地位、作用与要求，明确电子文件（档案）的定义、属性、法律证据效力、体制机制、工作原则、管理内容和要求、机构及职责、权利和义务、归属和流向，解决电子文件（档案）的凭证作用不明确、电子文件的归档要求不统一、电子文件（档案）的利用及管理中存在各种风险等难点问题。与档案信息化“入法”相配套的是建立和完善档案信息化标准规范体系，包括基础标准、管理标准、业务标准、技术规范和专项标准等，使档案信息化成为技术标准清晰、质量要求准确、可操作性强的建设项目。

（三）加快“三个体系”建设

“三个体系”是指“建立健全覆盖人民群众的档案资源体系、方便人民群众的档案利用体系、确保档案安全保密的档案安全体系”。三者是相互联系、相互作用、相互影响的。其中，档案资源体系是基础，是根本；档案安全体系是保障，是为档案资源体系和档案利用体系服务的；档案利用体系是目的，是归宿，是档案事业发展的效益工程。“三个体系”建设既与档案信息化密切相关，又为档案信息化发展指明了方向。

档案资源体系建设是档案信息化的核心内容。针对国内档案信息资源建设发展不同步、标准不统一、信息“孤岛”依然存在的现象，应加大建设力度，初步形成完整配套的档案信息资源体系。在加快传统档案数字化步伐的同时，加大对新生电子文件规范化的监督和控制，建立电子文件归档及电子档案接收应用系统，推进电子文件归档和电子档案的接收、保管与利用，逐步建设全国性可共享的档案目录数据库、纸质档案全文数据库、电子档案数据库和多媒体档案数据库；加大档案信息资源的整合，一方面加强各部门档案信息资源的纵向整合，另一方面加大与其他相关信息系统之间的横向整合，实现档案信息资源的共建共享。

档案利用体系建设是档案信息化的服务方向。通过建立档案信息共享通道和服务平台，拓展档案信息服务社会的渠道，强化档案信息资源共享机制，逐步减少“信息孤岛”，加快档案信息资源的开发利用，挖掘档案信息利用服务的社会效益和经济效益，建立高效、优质、快捷的新型档案利用服务体系。

档案安全体系建设是档案信息化的重大课题。档案部门必须始终坚持把档案信息安全与档案实体安全放在同等重要的位置，通过提高认识，强化管理，采用先进技术和各种有效措施保障档案信息安全，确保数字档案和电子档案内容真实、长久可读和有效利用。

（四）加强档案信息化的理论体系研究

档案信息化建设发展至今，已到了强烈呼唤先进理论的时候，这种“倒逼”现象，是由信息化建设“技术引领需求”的特有规律所决定的。档案信息化建设之初，大家都尝试将传统档案管理基本理论运用到信息化建设实践中。随着实践不断深入、范围不断扩大，目前，档案信息化建设遇到了“瓶颈”，在一定程度上是由于缺乏相应的理论指导，导致法规不健全、标准不配套、研究方向不明确、管理对象不明晰等问题出现。数字档案馆、电子文件中心、档案信息服务体系、档案信息利用体系、档案信息安全保障等档案信息化建设中的热点、难点问题，也需要基础理论来支撑。档案信息化理论研究要立足于档案工作实践、行业特点、专业特色，探索档案信息化发展规律，构建系统的、具有中国特色的档案信息化理论体系，引领、指导档案信息化工作。

（五）推进档案信息化成果共享与交流

应本着成果资源共享的原则，有效整合政府、高校、企业的智力资源，积极吸纳和采用具有全国推广价值的档案信息化技术研究成果，减少项目重复建设，节约国家投资。国家应对已经实施档案信息化建设的单位加强经验总结和理论研究，搭建一个交流平台，把取得的成果在档案业界进行推广和共享。另外，在具体项目建设过程中，要立足实践应用，合作攻关，充分吸纳先进信息技术的成果，优化建设中的各种技术方案和各种技术选型要求，解决具体的关键技术应用问题，注重使用标准规范的研究成果引导市场，重点培育精通档案信息化建设业务的 IT 企业。

（六）探索档案信息化建设评估体系

档案信息化建设是一项系统工程，涉及的范围很广，它几乎涵盖了档案业务建设的所有内容。在档案信息化建设过程中若要确保建设质量，弄清建设中的短板或缺项，就需要对档案信息化建设实施评估。评估作为一种控制手段，需要建立一套科学、合理、可行的评估体系，该体系需要从系统论的角度考虑，全面分析评估体系的各个构成要素，合理设置评估指标，综合考量档案信息化建设成效，尤其是最后的评价结论要成为推进和改进档案信息化建设的重要参考依据。

二、档案信息化建设的主要任务

（一）档案信息化基础设施建设

基础设施是档案信息资源收集、管理、开发利用的物质基础和技术条件，主要包括计算机和网络的软硬件系统、数据库管理系统、网络系统以及计算机用房设施等。基础设施应当坚持先进性和适用性相统一的原则，按照档案信息化建设的规划和应用系统建设的实际需求，进行采购、配置和安装。目前，全国尚无统一的档案信息化基础设施建设规划，强调将档案信息化基础设施建设纳入本地区、本行业、本单位信息化发展总体规划，与电子政务、电子商务、办公自动化等基础设施共同建设，形成统一的系统平台和设备环境，以便获得必要的资金、技术支持，相互协调发展。

（二）档案信息资源建设

档案信息资源是国民经济和社会发展的战略资源，档案信息资源建设的任务包括三个方面：一是开展档案目录和全文信息资源总库建设，满足机读目录检索和共享利用的需要；二是加快馆（室）藏档案的数字化工作，加强对珍贵档案的保护，满足档案内容网络查询利用的社会需求；三是加强电子文件归档和电子档案移交进馆，将具有档案价值的电子文件收集好、管理好和利用好。档案信息资源建设应当与数字档案馆、数字档案室，以及社会公共信息库、所属单位管理信息库的建设相结合，充分实现资源的无障碍传输，互联互通和共享利用。

（三）档案管理应用系统建设

档案管理应用系统建设是信息技术与档案工作需求相结合的产物，是实现档案信息化实用价值的关键环节。其主要任务包括：研制开发和推广应用相对统一、符合规范的档案管理软件，包括电子文件归档管理、数字档案馆、数字档案室、档案行政管理等软件；推进档案信息化与电子政务、电子商务、办公自动化的同步发展；建设档案网站，并与本地区、本系统各级各类档案门户网站建立链接；运用档案管理系统开展档案管理各项业务，并做好应用系统的维护。

（四）档案信息化标准规范建设

标准规范化是档案信息化建设的重要基础，要在充分调研的基础上，根据国际标准和通用规范，逐步推出适合我国国情的档案信息化标准规范。档案信息化标准规范体系包括管理型、业务型和技术型三种，其内容包括电子文件归档和电子档案管理，档案信息资源的标识、描述、加工、存储、查询、传输、转换、管理和使用等，逐步形成具有中国特色的档案信息化的标准规范体系。形成的标准规范体系应与信息源（档案生成者）、信息用户（档案利用者）的标准规范体系兼容，使分散的档案机构、档案信息系统、档案资源库集成为有机的整体，真正在跨地区、跨行业、跨层次、跨部门的广阔空间内最大限度地实现档案信息资源的广泛共享。

（五）档案信息化人才队伍建设

坚持以人为本，始终把培养人才、建设队伍、提高人的素质放在第一位。将信息技术基础知识培训列入档案干部培训教学计划；加强档案信息化建设相关技术、技能培训课程与教材的建设；加强对档案业务人员实用技术的操作培训；更新档案人才队伍的知识结构，在内部培养人才的同时，吸纳社会信息技术人才力量，形成开放式的人才队伍，形成尊重知识、尊重人才、鼓励创新、人尽其才的良好工作氛围，营造优秀人才脱颖而出、健康成长、才尽其用的政策环境。

（六）档案信息安全保障体系建设

档案信息化安全责任重于泰山。档案信息安全保障体系建设包括：建立档案信息安全保障组织体系；健全档案信息安全管理的法规制度；加强档案管理应用系统的安全管理；采取管理和技术手段确保档案信息网络传输的安全；加强对档案信息安全的行政监管和业务指导；加强档案人员的安全教育等。

第六章　档案信息化保障体系

第一节　宏观管理保障体系

档案信息化是一项开拓创新的事业，同时也是一个充满风险的领域。这项事业的健康发展和逐步奏效，需要一系列相互作用、协调配套的支持条件，即档案信息化的保障体系。档案信息化保障体系主要包括宏观管理体系、制度标准体系、安全控制体系、人才队伍体系和信息技术体系。

档案信息化是档案事业发展的战略举措，也是档案现代化的立体战役。为了确保这项工作循序渐进、卓有成效，需要自上而下地进行总体规划和精心组织实施。

一、档案信息化规划

档案信息化规划是档案行政管理部门针对档案信息化事业发展做出的全局性、长远性谋划，是对发展目标、任务、措施的宏观思维、精准描述和权威部署，是反映发展规律，驾驭发展大局，破解发展难题的顶层设计，具有定位目标、激发士气、凝聚人心、统一步伐的作用。

（一）规划制订的原则

1. 统揽全局的原则

规划首先要明确档案信息化的指导思想、基本目标、工作任务、措施步骤、保障体系、评价指标等。为此，档案信息化规划要有前瞻性、系统性、严肃性、权威性和操作性。在目标的确定上既要起点高，又不能不切实际地盲目拔高；在任务的确定上既要全面覆盖，又要重点突出；在措施的确定上既要宏观布局，又要微观落地；在保障体系的确定上既要营造动力机制，又要设定约束机制；在评价指标的确定上既要定性，又要尽可能地定量。特别要做到与本单位档案事业发展规划和本地区信息化发展规划相衔接，争取取得组织、资金和人力上的支持。为了落实好规划，要建立集规划制订、协调、监督、意见反馈、补充完善于一体的规划执行机制。通过落实责任、考核和目标管理，努力实现预定的信息化蓝图。

2. 分步实施的原则

档案信息化涉及面广，工作量大，制约因素多，因此不可能毕其功于一役。在制订规划时，要充分考虑国家、地区信息化战略的实施进度、档案信息化的近期需求、档案基础工作条件、管理制度和业务规范的配套情况，以及经费、人力的投入能力等。要在全局性、长远性目标的指导下，根据需要和可能，将总目标分解为若干阶段性目标，以便分步实施。阶段性目标要处理好前后衔接关系，每一阶段的目标任务既要继承前阶段的成果，又要为后阶段创造条件。特别要将档案信息资源建设列入阶段性目标的主要任务，并提出量化的指标要求，如电子文件归档和传统存量档案数字化应当达到多少百分比等。

3. 需求驱动的原则

长期以来，信息技术领域有一句行话“以需求为导向”，它是信息技术应用的一条重要规律。现代信息技术几乎无所不能，然而，只有与特定的需求相结合，才能实现信息化的价值。需求决定计算机应用的发展方向、检验标准和实际效能，是信息系统建设的出发点、归属点和动力源泉。不重视需求或找不准需求，必然使档案信息化偏离正确的轨道，甚至付出沉重的代价。

4. 突出重点的原则

所谓突出重点，就是规划要满足重点需求。需求是一个相当具有“弹性”的概念，在分类上有：一般需求和主要需求、潜在需求和现实需求、表面需求和本质需求、当前需求和长远需求等。突出重点就是要在调查研究的基础上，分析出和把握住主要需求、现实需求、本质需求、当前需求和紧迫需求。为此，在制订规划时，要从本单位、本行业的实际出发，以问题为导向，以必要性和可行性统一为基础，找准需求，定义总目标和阶段性目标，一步一个脚印地有序推进档案信息化工作。

（二）规划制订的步骤

1. 组织机构

档案信息化规划的制订事关大局、事关长远，应当建立由单位主要领导主持，信息化管理人员、相关业务技术人员和档案管理人员参加的规划起草小组，具体负责规划制订的全过程工作。为了开阔眼界，借用外脑，还可以聘请外单位有关档案信息化的专家，对规划起草人员进行培训，对起草工作给予咨询、审核、把关，或直接负责规划的撰写工作。

2. 调查研究

调研主要包括四个方面：一是对国际、国内、本地区、本行业档案信息化发展战略和规划的调研，了解其对档案信息化目标、任务、措施的定位，以便为本单位规划制订提供参考。二是对同行业或相近行业档案信息化的先行单位进行调研，以便学习和借鉴他们的成熟经验。三是对社会信息化发展状况进行调研，了解其软硬件技术发展水平，以及哪些技术适用于本单位。四是对本单位档案工作和档案信息化需求进行调研，发现和分析存在的问题，研究利用信息化手段破解问题的对策。

3. 撰写规划

对调研结果进行归纳总结，撰写调研报告。根据调研报告撰写规划大纲，并征求有关领导、专家或业务技术骨干的意见。根据拟订的规划大纲，撰写规划初稿。初稿完成后组织专家进行科学性和可行性论证，并广泛征求机关各业务部门和相关单位的意见，修改完善后交本单位领导审核、签发，然后正式颁发。

4. 规划颁发

规划颁发时要一并提出规划执行的指标要求、进度要求和责任要求，并按照“言必信，行必果”的要求，跟踪规划的执行情况。

（三）规划的主要内容

1. 回顾总结

回顾总结本单位档案信息化的进程、现状，取得的基本经验或主要体会，以及存在的主要问题。对于尚未建立档案管理信息系统的单位可以总结本单位档案工作的现状，以及为档案信息化创造的基础工作条件，如档案制度化、标准化建设，档案资源建设，档案人才队伍培养等。

2. 目标定位

目标是对档案信息化建设预期前景和效果的描述。目标可以分总体目标和具体目标两部分。目标定位要有以下“五个度”：高度，即体现高起点、高标准、高水平；宽度，即做到档案业务工作的全覆盖；深度，即要致力解决发展中遇到的热点、难点问题；亮度，即要有创新点和闪光点；温度，即要满怀热情地贴近时代、社会、生活、百姓。总目标的实施周期应尽量与本单位发展规划相吻合，一般为五年。

3. 任务部署

任务是对目标的细化。目标一般比较原则、概括和宏观，任务则要尽量具体和微观。任务一般按档案信息化的要素细分，包括基础设施建设、信息资源建设、应用系统建设和保障体系建设等。任务部署要尽量做到定时、定量，如纸质档案数字化工作每年要达到多少页、占馆（室）藏总量的百分比是多少等。

4. 措施落实

措施是指实施档案信息化的必要条件，一般包括人员观念的改变、档案基础工作的跟进、技术平台的建设、信息安全的落实、资金持续投入以及人才队伍培养等。其中，档案基础工作部分要特别强调“兵马未到，粮草先行”，即提前、重点做好电子文件归档、纸质档案数字化工作。

二、档案信息化组织

制订科学的规划是档案信息化的起点和前提，它使信息化建设者在目标、任务、措施等方面达成了共识、统一了步骤。接着，就需要通过强有力的组织，即通过指挥、协调、监督、指导、服务等管理方式和行政手段，确保规划的贯彻落实。执行力不足会使一个好的规划流于形式，创新规划的执行体系和执行手段，是提高规划的权威性和约束力的关键举措。

（一）思想观念更新

档案信息化是新时期档案工作顺应潮流，抓住机遇，加快发展的重大战略。规划是战略实施的顶层设计，是长远性、全局性的谋划，是避免战略实施随意性和盲目性的有效举措。只有充分认识规划实施的重要意义，才能增强实施规划的责任心和自觉性。

同时，要认识到实施规划要有新思路、新对策。要改变过去重规划，轻实施；重技术，轻管理；重平台建设，轻资源建设；重档案科研，轻成果应用等片面、落后的观念。以崇尚科技、重视改革、锐意进取、尊重人才、创新务实、真抓实干的新思路、新对策，来破解规划实施中的难题，化解来自各方面的阻力，推进规划的顺利实施。

（二）组织体系创新

档案信息化应当是“一把手工程”，必须由机构的主要领导分管档案信息化工作，并建立集规划、执行于一体的档案信息化主管部门，才能及时高效地协调处理档案信息化建设中遇到的复杂关系，避免因多头管理而造成政出多门、相互推诿的现象。

档案信息系统的建设和运行涉及与外界系统的互联。前端与办公自动化互联，确保对归档电子文件的前端控制。后端与本单位各种业务系统互联，确保为社会或本单位行政业务系统提供档案信息服务。单靠档案部门难以处理与档案外部系统的关系，必须由本单位主要领导牵头挂帅，才能做好跨部门的组织协调工作。为此，各单位分管档案工作的领导应当同时分管档案信息化工作，负责实施档案信息化规划的各项组织工作，负责将规划实施列入本单位信息化发展规划和年度计划，使这项工作在机构、岗位设置，人员、经费投入等方面得到满足，保障规划的实施。

（三）管控措施到位

档案行政管理部门要对规划的实施采取有力的管控举措。

1. 要保持规划的权威性和严肃性

对已经列入规划的每项任务都要言必信，行必果，对规划后未执行的任务要追究原因和责任；按照规划制订有关项目的实施方案，规定具体的实施内容、进度、要求，一抓到底，直至见效；将规划实施的组织、协调、监督、指导纳入档案工作的法规、制度、标准、规范系统中去，纳入行政部门工作的职责和考核办法中去，通过档案法治和行政的手段，防止发生档案信息化不作为或乱作为现象。

2. 要夯实档案信息化的各项基础工作

档案信息化建设的重点是档案信息资源建设。为此，要围绕档案信息资源管理的目标和任务，扎扎实实地做好传统文件和电子文件的积累、归档，以及归档后的档案鉴定、分类、组卷、著录、编目、数据录入、档案扫描、档案保管、档案划分控制范围等基础工作，利用数据库技术，建立起大规模、高质量的档案信息资源总库，为档案信息系统运行提供优质的信息资源。

3. 要确保规划实施的各项投入

切实按照规划要求落实软硬件网络平台、应用系统、数据资源、人才队伍、保障体系等各项建设任务。对建设项目的完成情况和实用效果进行科学的后评估，并将后评估的绩效列入档案信息化建设单位业绩考核的指标。资金投入要避免重硬件投入，轻软件投入；重技术性投入，轻管理性投入；重一次性投入，轻持续性投入的倾向，使资金投入在发展阶段、发展要素、发展层次上有合理的结构比例。

（四）科研教育跟进

鉴于档案信息化具有知识密集和技术密集的特点，档案科研和教育已成为档案信息化的两个重要支柱。为了更好地发挥科研工作对档案信息化的引领作用，要加强对档案信息化项目的选题指导、立项审查、实施跟踪和结题评审等环节的全过程管理。对不可行的项目在立项阶段就予以否定。对科研项目的结题评审要严格把关。对重点科研项目要组织各方力量联合攻关，特别要加强档案局（馆）、高校档案学专业和信息技术开发公司之间的联合，从档案专业和计算机技术的紧密结合上提高科研成果的质量。要加大档案信息化科研成果的推广力度，充分发挥理论成果对实践的指导和引领作用。要采取有效的行政手段和考核措施，大力推广集成化、通用化的数字档案室和数字档案馆应用系统，彻底改变过去各自为政，重复建设，自成体系，难以互联的粗放型发展模式。

第二节 标准规范保障体系

数字档案的载体、信息和生存环境的不稳定，使其真实、完整、有效和安全性面临严峻的挑战，管理问题相当复杂。为此，特别需要靠标准体系来规范管理者的行为，使档案信息的制作、加工、采集、保存、保护、鉴定、整理、传递等环节都处于受控状态。

标准规范体系对档案信息化的意义十分深远。

标准是为了在一定范围内获得最佳秩序，经协商一致制定并由公认机构批准，共同使用的和重复使用的一种规范性文件。标准化是指为在一定的范围内获得最佳秩序，对实际或潜在的问题制定共同的和重复使用的规则的活动，即制定、发布及实施标准的过程。

进入21世纪以来，我国有一批档案信息化的国家标准、行业标准和地方标准相继出台，但是从总体讲，配套性和系统性还不够，与信息化发展的要求相比显得比较滞后。进一步完善档案信息化标准规范体系，是当前档案信息化面临的迫切任务。

一、标准规范建设的原则

制定我国档案信息化标准规范，要符合中国国情，符合国家信息化工作的基本方针，同时兼顾与相关国际标准和发达国家档案信息化标准的衔接，并且遵循以下原则。

（一）适度超前原则

档案信息化标准是对档案信息化建设过程中出现的各种重复性事物和概念所做的统一规定，标准的对象在档案信息化建设中是随着时间的变化、技术的更新而不断变化的。因此，在档案信息化标准规范建设过程中，要考虑信息时代和网络环境的变化，要有前瞻性和预见性，能在一定程度上预测社会和技术的发展方向，并充分考虑相关标准的制定时机，坚持适度超前原则。标准的制定时机过于超前，可能会使标准因缺乏实践基础而偏离主题，甚至给档案信息化工作造成误导；过于滞后，则会造成大量既成事实的不统一，需要耗费大量的人力、物力进行返工统一。档案信息化标准规范建设，要在有初步经验的基础上，根据现实情况并结合未来档案信息化发展状况开展相关工作。

（二）坚持开放原则

当今社会是一个开放的社会，各行业的开放程度、行业之间的交叉融合程度越来越高。在进行档案信息化标准规范建设过程中，应自始至终坚持开放性原则。

1. 要采纳各种开放标准

开放标准是指那些知识产权明确属于公共领域、采用开放语言和标准格式描述、有可靠的公共登记和持续的维护机制、有可靠的开放转换和扩展机制、公开发布详细技术文件并可公共获取的标准规范。在档案信息化标准规范建设过程中，首先应考虑采用开放标准，既可以避免重复劳动，又可以保证较高的标准化水平。

2. 要采纳各种国际标准

国际标准是由国际标准化组织所制定的标准，是由世界各国的专家参与制定的，它含有大量科技成果和成熟的管理经验，代表着当代科学技术和生产管理水平。档案信息化建设并不是我国独有的工作，世界各国的同行都在进行这一项工作，其中不乏一些起步较早，水平较高的档案信息化建设案例。在档案信息化标准体系建设过程中，我们应认真学习先进的国际标准，并根据自身的实际情况进行制定、修改及扩展，既能保证标准水平的提高，又能加快档案信息化建设与国际接轨的速度。

3. 要参照相关专业的信息化标准

“他山之石，可以攻玉”。档案工作与图书馆工作、情报工作、博物馆工作等相关专业工作存在着一定的相似性。在进行档案信息化标准体系建设过程中，应当充分吸收相关专业尤其是图书馆在信息化标准建设方面的成功经验。

4. 要考虑与相关标准的兼容性

在制定本单位、本行业标准规范时，要注意处理好和国际、国内信息界相关标准规范的兼容关系，还要注意和其他相关领域，如电子政务、数字图书馆建设之间的兼容关系，特别要处理好与国际、国家、行业、区域有关标准规范之间的兼容关系，以便在档案信息系统建设后能与其他相关系统顺利衔接，资源共享。

（三）动态管理原则

档案标准化过程并非一蹴而就，而需要在实践中不断补充、提高、扩展。动态性原则是指要根据档案信息化建设的实践发展，对标准不断进行修订、充实和完善。档案信息化建设是一个长期的过程，在这个过程中，标准规范的对象会随着时间的变化而不断发生变化。特定的标准是根据特定的时间、特定的环境、特定的对象制定的，虽然要求标准制定者在制定标准时，要充分考虑到未来的变化，但是预测与变化往往会有偏差。因此，标准制定完毕后，要根据实施情况及规范对象的变化及时进行修订。由于信息技术发展迅猛，因此，对于档案信息化方面的标准，实施后 3 ～ 5 年就要进行审视。对于不适应实际的标准，要及时废止；对于部分不适应，要及时部分更新；标准规范的制定或修订既要针对档案信息化出现的新情况和新问题，又要尽量继承以前标准规范的条款，保持标准的稳定性，避免大起大落，以免使实践工作无所适从，陷于被动。

二、标准规范建设的主要内容

档案信息化标准规范建设可以从管理、业务、技术和评价等层面来制定和推行。

（一）管理性标准规范

管理性标准规范是对电子档案信息资源建设和档案信息化建设、运行维护工作进行管理的一套规则，包括计算机安全法规与标准、数字档案信息资源合法性的确认等，它需要国家档案行政管理部门统一制定并推广实施，以保证电子档案信息的统一规范和资源共享。

档案信息化管理性标准规范包括两个方面：一是对人的管理性标准，主要是指对与档案信息化建设相关的人员进行管理的标准，包括档案工作人员管理标准、软件设计人员管理标准、用户管理标准、用户角色控制标准、用户权限审批标准等，明确档案工作人员的职责和任务，以及用户的权利和义务，以保证档案信息化建设各项工作的正常开展。二是对物的管理性标准，主要是指对数字档案信息资源实体的全过程规范化管理，以及对信息化设备，如机房、硬件、软件存储载体的规范化管理，主要规范这些资源可以给谁用、如何使用和如何保管的问题。

（二）业务性标准规范

业务性标准规范是对档案信息化及电子档案业务处理进行的规定，解决业务操作行为不统一的问题。其范围包含与档案信息化相关的术语标准；档案信息采集标准，包括数字信息资源建设所涉及的数字化加工、元数据、资源创建、描述等；信息管理标准，包括数字信息资源组织、资源互操作；信息利用标准，包括数字信息资源检索、服务；信息存储标准，包括数字信息资源长期保存等；电子档案的术语标准及管理规范，包括电子档案的基本术语、资源的标识、描述电子档案的文件格式、元数据格式、对象数据格式等。国家现已颁布的标准《CAD 电子文件光盘存储、归档与档案管理要求》《电子文件归档与管理规范》，是电子文件收集、归档、整理、保管与利用的统一规范；《电子公文归档管理暂行办法》《电子档案移交与接收办法》和《公务电子邮件归档与管理规则》是对电子公文、电子档案、公务电子邮件归档、管理及安全有效利用的规范。

国家档案局制定了《档案数字资源加工规范》《电子文件档案著录规则》《电子文件保管期限表》《电子文件鉴定标准》等标准。这些标准的制定，除了参照国家关于纸质档案的有关规定外，还参考国际档案理事会和其他国家或机构制定的相关标准，如国际档案理事会电子文件委员会制定的《电子文件管理指南》，美国国家档案与文件管理署（NARA）发布的《电子文件管理规范》《国家战略：制定与贯彻联邦政府电子文件的产生、传输、存储与长期保存的标准》，美国明尼苏达州档案馆制定的《政府电子文件鉴定指南》，澳大利亚政府颁布的《电子消息的管理政策与实施细则》《澳大利亚数字载体存取与保护的原则》《联邦政府网络文件管理准则》，新加坡国家档案馆制定的《政府电子文件的保管与处置》等。

（三）技术性标准规范

技术性标准规范是对档案信息化及电子档案管理有关技术应用进行的规定，主要解决技术应用不适当而导致的质量问题。其范围包括硬件基础设施建设技术标准、软件系统工作平台技术标准、数据存储压缩格式规范、数据长期保存格式规范、数据加密算法规范、网络数据传输规范、数字水印标准等。

国家现已颁布的技术性标准规范有GM/T0054-2018《信息系统密码应用基本要求》、GB/T 22239-2019《网络安全等级保护基本要求》、GT/T35273-2020《信息安全技术个人信息安全规范》、GB/T 39786-2021《信息安全技术 信息系统密码应用基本要求》等。

目前，技术性标准规范有：《档案信息应用系统技术标准》《档案信息数据存储、压缩格式规范》《数据加密算法规范》《数字水印标准》《电子档案存储格式与载体规范》《照片档案数字化技术规范》《电子文件元数据标准》《档案数字化管理技术标准及规划》等。

（四）评价性标准规范

评价性标准规范是对档案信息化及电子档案管理的成果和效用进行评判的指标体系，包括档案信息系统（包括数字档案室、数字档案馆、电子文件归档管理等系统）的研制、档案信息资源的开发和利用、信息安全、信息技术应用的广度和深度、信息化人才开发、信息化的组织和控制、信息化的效益等评价的标准。其中，信息资源开发和利用应该是测评指标体系中的重要部分，可细化为馆（室）藏档案数字化的数量、多媒体编研成果的种类和数量、数字信息的提供利用方式、数字档案的利用频率等。

三、标准规范的贯彻落实

标准一旦颁布生效就应当具有严肃性和权威性。为了更好地落实档案信息化标准规范，要做好以下工作：一是档案信息化标准规范的宣传教育。通过举办专题培训班，或将有关标准内容纳入档案专业培训课程，宣传有关标准规范贯彻的意义、目的、内容、要求。二是采取行政手段，加强对档案信息化标准规范的宣传贯彻力度，做好常态化督促、检查和指导工作。三是将档案信息化标准规范的执行情况纳入信息化项目的评审、鉴定、验收程序和要求中，贯彻标准通不过，责令整改，整改通不过，项目不予通过验收。有了规范要做规矩。所谓“做规矩”就是要对不贯彻标准的档案信息化建设项目敢于否定，对貌似可行的违反规范项目及时制止。从建设项目立项评估、可行性研究等前端开始，就给予强有力的标准指导和贯彻标准监管。四是档案信息化标准规范建设要与时俱进。档案行政管理部门要收集贯彻标准工作的信息反馈，及时发现标准规范脱离实际的情况，以便在调研分析的基础上对有关标准规范进行修订。五是档案信息化标准规范的修订要倾听行内有关领导、专家、业务骨干、计算机专业人员的意见，充分参考图书、情报、电子商务、电子政务等相关标准，以便使标准规范做到向上、向下和横向兼容，确保其开放性、先进性和适用性。

第三节 信息安全保障体系

档案是国家的宝贵财富，是不可再生的重要信息资源，又具有一定的保密性，因此，建立档案信息安全保障体系显得尤为重要。档案信息安全保障能力已经成为检验档案信息资源的保护能力、利用服务能力和档案事业软实力的重要指标。

档案信息安全，是指构建动态的档案信息安全保障体系，确保档案信息的真实性、完整性、保密性、可用性、可控性。要保证档案信息的安全，就必须考虑到硬件、软件、数据、人员、物理环境、人文环境等多方面要素。档案信息系统的复杂性、开放性及面临威胁的多样性，决定了其安全防护是一项整体性的、综合性的系统工程。

档案信息安全保障体系由档案信息安全法律法规体系、安全管理体系和安全技术体系三部分组成。

一、安全管理体系

档案信息安全是基于技术的管理工程。从管理层面上讲，就是要确保档案信息的安全，必须在风险分析的基础上确立档案信息安全的策略、方针和目标，成立相应的管理机构，确立合理的管理机制，制订安全管理计划，分解安全管理职责，执行安全管理制度和管理标准，建立并实施完善的档案信息安全体系。因此，风险识别与风险评估是档案信息安全管理的基础，风险控制则是安全管理的最终目的。

（一）档案信息安全系统管理模式

新的风险在不断出现，档案信息系统的安全需求也会随之不断变化，因此，安全管理应是动态的、不断改进的、持续发展的过程。档案信息安全管理模型可选择 PDCA 模式，即计划、执行、检查和行动的持续改进模式。采用 PDCA 管理模式，每一次的安全管理活动循环都是在已有的安全管理策略指导下进行，每次循环都会通过检查环节发现新的问题并采取行动予以改进，从而形成安全管理策略和活动的螺旋式提升。

信息安全管理 PDCA 持续改进模式把 PDCA 管理模式与安全要求、风险分析有机地结合在一起，考虑了信息安全中的非技术因素，同时加强了信息安全管理，具有广泛的适用性。

（二）档案信息安全系统管理的具体实施

在档案信息安全管理模式中，档案信息安全管理中心是整个系统的核心，每一个环节都要定期地与档案信息安全管理中心进行安全信息交流，当档案信息安全管理中心认为有必要对其安全目标进行修改时，要及时向上级领导汇报，等待最终的定夺。

1. 完善组织机构

有条件的档案部门可以成立档案信息安全管理中心，负责实施和监控整个档案信息安全管理活动。安全管理中的每一个环节都必须与安全管理中心进行信息交流，安全管理中心还具备评价数字档案信息安全管理体系运作情况的功能，可以对安全方针、安全制度和安全措施的实施结果进行调查，并分析这些安全举措对档案信息安全的影响，然后提出相应的改进方案。数字档案信息安全管理中心由部门领导、信息管理专家、信息技术专家和技术雄厚、人员稳定的开发队伍、有关的工作人员组成。

2. 进行风险评估

根据最新的研究数据，在全部的计算机安全事件中，约有 60% 是人为因素造成，属于管理方面的失误比重高达 70% 以上，在这些安全问题中 95% 是可以通过科学的风险评估来避免的。

因此，档案部门必须清楚档案信息系统现有以及潜在的风险，充分评估风险可能带来的威胁和影响，这是档案信息化建设必须首先解决的问题，也是制定信息安全策略的基础与依据。进行风险评估，不只在明确风险，更重要的是为数字档案信息安全管理提供基础和依据。

风险评估是一项费时、需要人力支持以及相关专业或业务知识支持的工作。风险评估应遵循以下原则：

第一，安全、风险和成本均衡分析原则，即用最小的成本达到适度安全的需求。

第二，整体性原则。运用系统工程的原理进行网络信息安全的整体解决方案设计，以达到完整性的要求。

第三，可用性和易操作性原则。信息安全系统对于操作者应该是可用的，操作应该是简单易行的。

第四，适应性和灵活性原则。安全策略必须随着网络性能和安全需求的变化而变化，适应性强，易修改。

3. 制定安全策略

制定档案信息的安全策略，要在完善配套、科学合理的有关数字档案信息安全的法制和标准体系下，通过有效的信息安全技术和安全管理遏制来自外部和内部的攻击，增强安全防护能力和隐患发现能力，确保数字档案信息资源内容和信息载体的安全，达到所需的安全级别，具体安全策略可分为内部建设安全策略和网间互联安全策略等，循序渐进逐步加以完善，最终形成功能强大的数字档案信息安全管理体系。

制定安全策略时不能脱离实际，过于理论化或限制性太强的安全策略可能导致工作人员的漠视。因此，在制定安全策略时必须遵循以下原则：越符合现状越容易推行，越简单越容易操作，改动越小越容易被接受。档案信息安全策略需要根据信息技术发展、自身的安全需求进行不断的修改和更新，以保证档案信息安全不受新的信息安全风险的影响。

4. 开展数字档案信息安全管理培训

开展数字档案信息安全管理培训是档案信息安全管理体系的重要环节之一，特别是各关键岗位的人员，对档案信息的安全起到重要作用。在实际工作中，大部分档案信息安全问题都是由人为因素造成的。人本身就是一个复杂的信息处理系统，还会受到自身生理因素和心理因素的影响，受到技术熟练程度、责任心和道德品质等多方面的影响。因此，对于档案部门工作人员的培训不应是“一次性”的活动，需要定期对人员进行安全策略及安全技术的“应知、应会”培训，尤其是安全策略更改或面临新的安全风险、部署新的安全解决方案之后，更要对其加强培训，以保证安全策略的有效程度。

5. 贯彻执行管理决策

管理决策的贯彻执行必须依靠人来完成，虽然档案信息安全保障体系的建设涉及档案部门方方面面的因素，但归根结底的因素是“人”。没有机构人员的认可、理解与支持，就没有实施数字档案信息安全管理保障体系的前提；没有档案部门的有力组织协调，则很难保证信息系统建设的顺利进行；没有相关实施人员的互相配合和出色工作，就无法使信息系统中各模块的信息无缝集成；没有具体业务人员及时准确地收集各种基础信息，就没有信息系统的输出；没有资深咨询顾问的正确指导，信息系统实施就难免多走弯路，甚至有可能失败。

6. 持续完善管理体系

首先，确定待评价系统的边界和范围，明确评价的目的，以系统整体为立足点，总体分析各方面的效益与成本，及其与系统各构成部分的关系；其次，确定待评价系统的状态与所处的阶段，如可行性分析、总体设计、系统开发与运行等各阶段；再次，选择适当的评价方法，如结果观察法、类比一对比法、专家评价法或评分法等，确定适当的评价指标；最后，收集有关数据、资料进行分析、计算，得出评价结果，并将评价结果书面化。根据评价结果进行不断完善，提高档案信息安全管理体系及具体实施过程的有效性和效率，以满足自身、用户和其他相关方日益增长和不断变化的需求与期望。

目前，建立信息安全管理体系的方法已经制定为国际标准 ISO/IEC 17799：2000《信息技术—信息安全管理实施规则》。我国颁布了相应的推荐性国家标准《信息技术 信息安全管理实用规则》《信息技术 信息技术安全管理指南 第 1 部分：信息技术安全概念和模型》《信息技术 信息技术安全管理指南 第 2 部分：管理和规划信息技术安全》，这些标准主要参照了国际标准 ISO/IEC 17799、ISO/IEC 27001、ISO/IEC TR 13335 等。上述标准在管理策略、环境控制、组织结构、人员责任规范、操作程序以及技术手段上都提出了一系列指导性规范，各单位可参照上述国际和国家标准建立适合本单位的档案信息安全管理体系，保证档案信息的安全。

二、安全技术体系

目前，档案信息安全在技术方面主要采用信息加密技术、信息确认技术、访问控制技术、病毒防治技术、审计技术、防写技术等。

（一）信息加密技术

加密是保障信息安全最基本、最经济的技术措施，也是大多数信息防护措施的技术基础。加密的作用是防止敏感的或有密级限制的信息在传输过程中泄密。

文件加密所采取的加密算法形形色色。据不完全统计，目前已经公开发表的加密算法多达数百种。电子文件加密的基本过程是：存储或传输前将原先借助相应的软件可以识读的数码序列（称为明文）通过数学变换（加密运算）变成无法识读的“乱码”（称为密文或密码）；利用时再通过数学变换（解密运算）将“乱码”还原成可以识读的数码序列。其中，加密运算和解密运算都是在一组密钥控制下进行的，密钥是控制加密算法和解密算法实现的关键数据。

密钥对非授权者是保密的，因此，可防止非法用户破解密钥而窃获文件内容。根据文件加密和解密时所使用的密钥是否相同，加密算法可以分为对称加密解密法和非对称加密解密法两种。

在对称加密解密法中，加密密钥和解密密钥是相同的，或者知道其中一个密码就可以方便地推算出另外一个密码，因此密钥必须绝对保密。问题是，在发送加密文件之前首先通过安全渠道将密钥分发到双方手中，其传递中很容易造成秘钥泄露。而且，如果某涉密文件分发的单位多，密钥的安全控制会有很大的难度。这种方法在对涉密文件进行静态管理时比较有效，如自己撰写的保密文件给自己使用，防止被人偷看。目前，Word、Excel文件的加密就是采用对称加密解密法。然而，如果涉密文件需要传输，特别在大范围传播时，就需要用下面的方法。

非对称（又称双钥）加密解密法中，加密方和解密方使用的密钥是不相同的，密件经办人须预先准备两把钥匙：一把公钥，一把私钥。当发送密文时，发送者使用收文者的公钥，将文件加密后发给收文者，收文者收到密文后，用自己的私钥解密文件。由于只有拥有该私钥的收文者才能解密这份文件，所以，文件的传递过程是安全的。

（二）信息确认技术

对于纸质文件，以往用书面签署或签印的形式将责任者名或责任者特征（如指纹）固化到文件载体上，借助纸质文件载体与内容的不可分离性来证明文件内容的原始性和真实性，使文件具备法律效用。这种方法显然不适于不具有恒定载体的电子文件。对于虚拟流动的电子文件，信息确认技术起到了相当于签署纸质文件的作用。

信息确认技术是通过一定的技术手段防止文件的内容被非法伪造、篡改和假冒，同时用来确认文件的发出、接收过程及利用者身份和权限的合法性。完善的信息确认方案应能实现以下四个目标：

第一，合法的文件接收者能够验证其收到的档案文件是否真实。

第二，发文者无法抵赖自己发出了所发的文件。

第三，合法发文者以外的人无法伪造文件。

第四，发生争执时，具有仲裁的依据。

实现上述目标需要综合采用多种技术手段，目前，常用的有数字摘要技术、数字签名技术和数字水印技术。

1. 数字摘要技术

文件的发送者采用某种特定算法（摘要函数算法）对发文进行运算，获得相应的摘要（验证码）。摘要具有这样的性质：如果改变发送文件的内容，即便只是其中一个比特，获得的摘要将发生不可预测的改变。摘要将作为发送文件的一部分附加在文件后一起发出，接收者则利用双方事先约定好的摘要算法对收到的文件做同样运算，并比较运算所得的摘要与随文件发送来的摘要是否一致，以此鉴定收到的文件是否在发送过程中受到篡改。如果摘要函数（相当于前面的密钥）仅为收发文件的双方所知，通过上述报文认证即可达到信息确认的上述四个目标。这种方法的缺点是：因收发文双方使用相同的摘要函数，因而，摘要函数本身的安全保密性是一个很大的问题，多次使用的摘要函数一旦被第三者窃获，报文认证便不再安全。

2. 数字签名技术

随着我国《电子签名法》的生效，数字签名在法律与技术上走向成熟。数字签名是指数据电文中以电子形式所含、所附用于识别签名人身份并表明签名人认可其中内容的数据，而数据电文是指以电子、光学、磁或者类似手段生成、发送、接收或者储存的信息。

从技术上看，数字签名是非对称加密技术的一种，其基本原理类似上述报文摘要技术。首先，签名者使用签名软件对拟发送的数据电文（电子文件）进行散列函数运算，生成报文摘要；然后，由签名软件使用签名者的私钥对摘要进行加密，加密后的报文摘要附着在电子文件之后，连同签名者从认证机构处获得的认证证书（用以证明其签名来源的合法性和可靠性）一同传送给文件接收者。文件接收者在收到上述信息后，首先使用软件用同样的散列函数算法对传来的电子文件进行运算，生成报文摘要，同时，使用签名者的公钥对传送而来的报文摘要进行解密，将解密后的报文摘要和接收者运算生成的报文摘要进行比较，如果两个摘要一样，就表明接收者成功核实了数字签名。在核实数字签名的同时，接收者的软件还要验证签名者认证证书的真伪，以确保证书是由可信赖的认证机构颁发的。经核实的数字签名向文件的接收者保证了两点：第一，文件内容未经改动；第二，信息的确来自签名者。

签名者所用的数字签名制作工具（公钥、私钥、散列函数、软件等），不是由签名者自行制作的，而是由合法成立的第三方电子认证服务机构在充分验证发文者真实身份后提供的。电子认证服务机构颁发的数字签名制作数据及认证证书相当于网上身份证，帮助收文、发文者识别对方身份和表明自身的身份，具有真实性和防抵赖功能。与物理身份证不同的是认证证书还具有安全、保密、防篡改的特性，可对电子文件信息的传输提供有效的安全保护。

3. 数字水印技术

数字水印类似传统印刷品上的水印，用以鉴别电子文档的真伪。数字水印技术是日本电气公司投入使用的技术，它是在传输的文本、图像、音频、视频等电子文件中附加一个几乎抹不掉的印记，无论文件做何种格式变换或处理，其中水印不会变化。该印记在通常状态下隐匿不现，除非用特殊技术检测。一旦这种水印遭到损坏，文件数据也会受到破坏。

上述信息确认技术的实质是，文件发送者将签署信息（加密运算方法）以不可分离的方式与文件内容（而不是纸质文件的载体）“编织”一体，使他人无法在不改变签署信息的前提下改变文件内容，或者相反（就像无法不改变载体而改变纸质文件上的内容一样），而收文者则通过验证其信息内容中的签署信息来证实文件内容的原始性和发文者的真实性。

（三）访问控制技术

访问控制是信息系统安全防范和保护的主要策略，其任务是杜绝对系统内电子文件信息的非法利用和蓄意破坏。访问控制技术种类繁多，且相互交叉，目前主要有以下两类。

1. 防火墙

防火墙是设置在被保护文件系统和外部网络之间的一道屏障，以防止发生不可预测的、潜在的、破坏性的侵入，它可通过监测、限制跨越防火墙的数据流，尽可能地对外屏蔽系统内部的信息、结构和运行状况，实现内部网络的安全保护。防火墙可分为外部防火墙和内部防火墙。前者在内部网络和外部网络之间建立一个保护层，以防止“黑客”的侵袭，挡住外来非法信息，并控制敏感信息被泄露；后者将内部网络分隔成多个局域网，以此控制越权访问。防火墙可以是一个路由器、一台主机，也可以是路由器、主机和相关软件的集合。

电子文件系统在选择、使用防火墙时，应对防火墙所采用的技术、种类、安全性能及不足之处有充分认识：

第一，认真权衡防火墙的安全性能和通信效率，在文件安全和方便利用两者之间将安全放在第一位。

第二，对于中小型的文件管理系统，如果系统内外交换的信息量不是很大，信息重要程度属于一般，可以采用数据包过滤和代理服务型防火墙；而对于大型文件管理系统或信息安全要求较高的系统，可以考虑采用复合型防火墙。在系统安全和投资费用之间应进行权衡，不可不计代价地追求超出可能风险的安全性。

第三，对防火墙进行管理时，除了解防火墙的益处之外，还应了解防火墙自身的局限与不足。

第四，使用防火墙对外隔离时，不能忽视防火墙内部的管理，因为许多攻击来自内部。必要时可设置第二道防火墙，使内部网络服务器对内也被隔离（但这样会大大降低系统的效率）。

第五，为更好地保护文件管理系统，尽量考虑采用国内自主开发的防火墙产品。

第六，防火墙属于信息安全产品，国家规定实行强制认证，在文件管理系统中使用的防火墙必须是经国家认证的产品。

2. 身份验证

为防止未经授权的用户操作文件管理系统中的各类资源，通常在用户登录或实施某项操作之前，系统将对其身份进行验证，并根据事先的设定来决定是否允许其执行该项操作。验证过程对用户而言就是要提供其本人是谁的证明。身份验证的方法很多，并且不断发展。但其验证对象有三：所知信息（如口令）、所持实物（如智能卡）、所具特征（如指纹、视网膜血管图、语音等）。口令是最普通的手段，但可靠性不高，智能化的“口令”是系统向被验证者发问的一系列随机性问题，以其回答来验证身份。以指纹、视网膜血管图、声波纹进行识别的可靠性较高，但需要使用指纹机等特征采集设备，代价较大。智能卡技术将逐步成为身份验证技术的首选方案。智能卡是密钥的一种媒介，形状如信用卡，由授权用户持有并由该用户赋予其一个口令或密码字。该密码与内部网络服务器上注册的密码一致。为提高身份验证的可靠性，可将上述三种手段结合起来使用。

（四）病毒防治技术

即使采用防火墙、身份验证和加密技术，文件系统仍然可能遭到病毒的攻击。防治病毒包括两个方面：一是预防，在系统或载体未染毒之前采取有效措施，防止病毒感染；二是杀毒，在确认系统或载体已染毒后彻底将其清除。防毒是根本，杀毒则是补救措施，目前普遍使用的是以特征扫描为基础的杀毒软件。

文件网络环境下的防毒、杀毒需要注意以下几点：

第一，从客户机和服务器两个方面采取杀毒防毒措施。电子文件管理系统有的采用客户机 / 服务器模式，客户机、服务器都可能遭受病毒侵害，因此，必须同时展开防毒杀毒工作。作为局域网入口的工作站，不仅受病毒攻击的可能性更大，而且数量较多，管理分散，往往是最薄弱的环节，必须重点设防。对于功能简单的工作站尽可能设置成无盘工作站，并在所有工作站上都安装防病毒卡或芯片。服务器是整个网络的“中枢神经”，是网络信息资源的集中地，是防毒工作的重点。防止服务器被病毒感染的主要措施是：尽量少设超级用户；将系统程序设置为只读属性，对其所在的目录不授予修改权和管理权等。

第二，由于病毒不断变异，杀毒软件也不断升级，网络管理员与档案管理人员应注意及时更新杀毒软件的版本类型，选用最先进、可靠的防杀网络病毒软件。

第三，加强对网上资源的访问控制，防止非法用户进入网络，充分利用网络操作系统和文件管理系统所具有的安全管理功能。

防毒杀毒是一项系统工程，必须从管理和技术两方面着手，采取综合措施建立起完善的病毒防治体系。

（五）审计技术

审计技术旨在记录电子文件运行处理的全部过程，抑制非法使用系统的行为。采用审计技术的电子文件管理系统将自动记录下系统运行的全部情况，形成系统日志。系统日志类似飞机上的“黑匣子”，是系统运行的记录集，内容包括与数据、程序以及和系统资源相关的全部事件的记录，如机器的使用时间、敏感操作、违纪操作等。审计记录为电子文件真实性的认证提供了最基本的证据，借助系统日志，管理员可以分析出系统运行的情况、追踪事件过程、排除系统故障、侦察恶意事件、维护系统安全、优化对系统资源的使用等。系统日志包括哪些内容，必须根据文件系统的安全目标和操作环境个别设计。

（六）防写技术

防写技术是保障电子文件内容不被修改所采取的安全技术，其目的是通过技术手段来固定处于静态的电子文件的内容信息。大多数文件管理系统具有将运行其中的文件属性设置为“只读”状态的功能，在只读状态下，文件内容只能读取，不能更改，除非具有高级权限的用户来更改文件的“只读”属性。

第七章 电子文件归档与电子档案管理

第一节 电子文件管理的基本知识

一、电子文件及其特点

电子文件作为专门术语，其发展大致经历了机读文件、机读档案、电子文件等几个阶段。目前，我国对电子文件所赋予的定义主要是根据《电子文件归档与管理规范》来进行文字描述的。电子文件“是指在数字设备及环境中生成，以数码形式存储于磁带、磁盘、光盘等载体，依赖计算机等数字设备阅读、处理，并可在通信网络上传送的文件”。在《电子文件归档与管理规范》中，从信息的存在形式的角度，将电子文件划分为文本文件（T）、图像文件（I）、图形文件（G）、影像文件（V）、声音文件（A）、超媒体链接文件（O）、程序文件（P）、数据文件（D）8个类别并规定了各类别的代码，同时，对电子文件的不同稿本也规定了稿本代码：草稿性电子文件——M，非正式电子文件——U，正式电子文件——F。

作为一种新型信息存储载体和形态的文件，电子文件体现出了以下特点：

（一）信息的非直读性

电子文件信息不能通过人工用肉眼直接读取。存储在特定载体上的电子文件，是通过计算机把可识别的文字、图形等转换成二进制数码来进行信息表示。计算机内形成的电子文件记录到载体上时，也是数字编码序列，不能直接观看其内容，必须由相应的计算机设备将载体上编码序列读取出来，然后转换成能识别的形式。具体体现包括：数字编码序列记录在载体上，人的眼睛无法分辨；载体上的信息记录密度大，即使在高倍显微镜下可以看到记录痕迹，但也读不懂所见痕迹所表示的具体内容；载体的数字信息往往是经过压缩、加密处理，即使有设备，如果不解压、解密也难读取其内容。

（二）信息阅读与处理对系统的依赖性

电子文件对系统的依赖性强，电子文件信息的阅读、处理还需要依靠特定的数字设备与环境。如电子文件的生成和处理要完全依靠特定的硬件系统、操作系统和应用系统。硬件系统是指我们通常所说的电脑以及网络硬件设备。不同的电子文件管理模式对硬件设备的依赖状况是有区别的。比如打印单个纯文本的电子文件，对硬件的需求就只是一台带打印机的普通电脑就可以了；如果收发电子文件，光有普通的电脑还不够，还得有网络设备（包括服务器、网线或者无线发射——接收设备、防火墙、路由器等）；若是处理影音文件或多媒体，还需要能支持多媒体的音箱及显示器等。操作系统和应用系统等软件环境包括支持计算机和其他应用系统的软件 Windows、Linux、Unix 等，能够处理文本、图像、声音等数据的管理数据库的 SQL、常用办公软件 Office 系列、处理图像的 CorelDraw，甚至网站上的搜索引擎等。

电子文件所依赖的系统并非上述的单个系统，而是一个协同环境或平台。在具体的文件管理中，电子文件对系统的依赖性还体现为：软硬件是否兼容、操作系统是否支持应用系统、采用的具体标准和口令（密码）等。

（三）信息存储的高密度性

相对于传统的信息存储载体而言，存储电子文件的磁盘、光盘、磁带等新型载体的容量大，电子文件信息所占用的存储空间小，进而实现了电子文件信息的高密度储存。

就电子文件目前的光盘、磁盘、磁带等主要载体来看，按载体等体积比较，其容量远超传统的纸张甚至缩微片的存储容量。一张光盘的存储容量可达几个 GB，甚至几百个 GB；单个硬盘的存储容量已达 TB 级。将一个小型档案馆的全部档案信息放进一个公文包或把一个普通机关的全部文件装进一张光盘早已不是梦想。

（四）信息的易变性与可操作性

电子文件与纸质文件相比，其“原件”内容并非一旦形成就相对固定，而是在一定条件下可以发生变化的。这里所讲的易变性是指电子文件的信息内容因非人为因素发生的变化，可操作性是电子文件信息内容因人为因素发生的变化。

致使电子文件信息易变的原因有很多。如：计算机系统中元数据和程序（协议）的编写都有一定的标准，这个标准很多是国际通用的，在这些标准许可的范围内，就可以对程序性电子文件的内容做一定程度的更改，修改之后可以立即形成一份新的文件，并且难以看出改动的痕迹；电子载体和信息技术的不稳定导致电子文件信息存储介质的物理寿命较纸张短，从而使得信息易丢失；信息技术的更新换代，新的存储介质出现，致使电子文件存储介质的不兼容现象发生；新的信息编码方案、存储格式、系统软件的不断出现，对电子信息稳定性形成巨大冲击，在数据转换和迁移过程中出现信息的损失、变异等现象难以避免。

（五）信息的共享性及不安全性

电子文件信息可以通过网络途径实现多终端共享，但其共享性是有条件的、可控的。对于一份纸质文件来说，通常只能在某时、某地让能够接触到它的人阅读。而电子文件可以不受这种限制，能够做到在网络的任何终端上去读取存于网络某一设备上的电子文件。一方面，电子文件的信息共享是有条件的，共享性要受其运作环境网络化决定，离开网络的软硬件环境，电子文件信息的共享也就无法实现。另一方面，电子文件的信息共享是可控的，可以进行指定共享，限制共享的文件范围以及信息使用方式和人员范围。

由于电子文件在网络环境下极易实现共享，与此同时，其安全性也成为人们不得不担忧的问题。随着网络化的发展，电子文件极为重要的网络安全问题已日益突出，网络的不安全性已成为限制其发展的最大障碍。计算机及网络系统的不安全，主要来自网络系统的复杂性及缺陷性、安全防范措施的不完善性、电子文件信息的容易更改性、电子文件载体的易损性等。

（六）多种信息形式的可集成性

电子文件的多种信息是可以被集成的，其多种存储形式的信息可以经系统整合后集中表现。文本、图像、声音、影像等形式的电子文件都可以运用多媒体技术加以有机的立体组合，使“文件”图文声像并茂，真实地再现当时的活动情况，从而强化了文件对社会活动的记忆和再现功能。在运用多媒体技术制作的文件中，文字、图像、声音都用二进制数字来表达，它和文本文件一样可以在屏幕上显示，可以输出，可以通过网络传输。

多种信息形式的可集成性让电子文件成为互动媒体之一。用户可以与计算机上的多媒体文件发生互动，选择不同的输出方式和输出角度，在阅读过程中调阅其他的相关信息，在允许的情况下还可对文件进行修改，有了更大的参与性和选择权。如：根据个人情况选择不同的声道、字幕的语种、视线的角度以及屏幕的缩放比例等，在“分布式网络系统”中体现得最为突出。

二、电子文件与电子档案的关系

在纸质环境条件下，对文件和档案的关系问题，档案学界认为，“文件与档案之间存在渊源关系，档案是由文件转化而来，或者说文件是档案的前身；文件与档案之间的关系，决定了文件管理与档案管理之间也存在紧密关系……”，这一观点也得到了档案工作领域的普遍认同。

在数字化环境下，电子文件与电子档案的关系又如何呢？从《电子文件归档与管理规范》关于“电子文件”的定义描述中，我们可以知道，电子文件的本质还是一种文件，只是其信息存储载体和形态发展和进步了。国家档案局印发了《电子档案移交与接收办法》，在此办法中，正式提出了“电子档案”的术语，并对其进行了定义描述：“电子档案是指机关、团体、企事业单位和其他组织在处理公务过程中形成的对国家和社会具有保存价值并归档保存的电子文件。”因此，电子文件与电子档案仍然保持着“前身”“转化”的渊源关系。

档案的核心价值，在于档案原始属性的真实性所产生的凭证、依据作用。档案原始属性表现在档案利用的需求内容上和需求形式上。纸质档案利用需求的原始属性，始终有草稿与印稿之分，有正本与副本的差异。正是如此，纸质档案利用的需求体现档案原始记录性和凭证作用的内容与形式特征的特点。如当事人的亲笔手稿、领导者的亲笔签署等表现出原始性，而具有法律凭证的作用。电子档案利用需求的原始属性，其从电子文件起草、修改、印发到形成电子档案都在计算机上进行，要体现档案利用的原始记录性特征较为困难，对其原件的界定难度也较大；电子档案的内容信息不仅易于变化，而且失去了固定的形式。电子档案往往可在电子计算机上转换或拷贝，难以区分其“原件”和“复制件”，是否具有法律凭证作用等，便成为档案界的一系列新课题。

电子文件作为电子档案的前身，其自身真实性、完整性，可靠性、可用性的保障程度直接关系到其转化为电子档案后的核心价值存在与否。电子文件的真实性是指电子文件的内容、结构和背景与形成时的原始状况相一致的性质（注：具有真实性的电子文件由特定机构使用安全可靠的系统软件生成）；完整性是指电子文件的内容、结构和背景信息无缺损，且没有破坏、变异或丢失的性质；可靠性是指电子文件内容完全和正确地表达其所反映的事务、活动或事实的程度；可用性是指电子档案可以被定位、检索、呈现和理解的性质。

要做好电子文件的“四性”保障工作，其重点在于必须科学管理好电子文件的元数据和背景信息。电子文件的元数据是指描述电子文件的内容、结构、背景及其整个管理过程的数据。电子文件的背景信息是指描述生成电子文件的职能活动、电子文件的作用、办理过程、结果、上下文关系以及对其产生影响的历史环境等信息。为此，在电子文件管理工作中，必须坚持“提前介入、前端控制、全程管理”的原则，从电子文件形成开始不间断地对有关处理过程进行严格管理，保证电子文件的产生、处理过程符合规范，并采取可靠的安全防护技术措施，采集电子文件的元数据及背景信息，保证电子文件的真实性、完整性和可靠性等。严格电子文件归档与管理工作，按照《电子档案移交与接收办法》的规定和要求，做好电子文件的归档鉴定、整理、移交与接收等工作，做好电子文件转化为电子档案的相关工作，保证电子档案的质量，维护好电子档案的本质属性，为电子档案凭证、依据作用的发挥奠定坚实基础。

电子档案存在对技术的依赖性、载体的不稳定性和面临多重安全风险等问题，但档案学界及业界的努力有可能化解这些问题。近年来，国内外大批学者已经投入电子档案的真实性等问题的研究中，并取得了一定的成果，元数据、数字档案馆、自动鉴定、长期保存、跟踪审计等主题成为档案学界的重点研究领域。同时，许多国家已经针对电子档案的标准规范进行研究，并初步建成电子档案标准体系。随着时间的推移和实践的发展，该体系不断完善，将进一步指导着电子档案的生成、使用和维护等环节的工作，从而更好地展现电子档案的优势，克服其缺点。随着学界对电子文件和电子档案的逐步认识和深入研究，其优势将进一步被发掘和利用，目前所面临的威胁和挑战将逐渐淡化。但是，考虑到这个过程中可能存在的程序、法律、安全等诸多复杂问题，显然还有很长的路要走。

三、电子文件的法律证据依据

在信息化时代，计算机技术、通信技术和电子商务、电子政务飞速发展，使得信息的传播实现了前所未有的便利与快捷，人类社会步入了“电子世界”。电子文件充斥着我们的生活，无论是工作还是学习。电子文件快速发展并广泛应用，但其法律证据地位仍难以有效确立，成为阻碍电子文件进一步发展的潜在威胁。解决好电子文件的法律证据地位问题，是迫切的也是必需的，不仅是档案学领域而且在法律学领域，也越来越引起重视。

（一）电子文件法律证据的法规规范

不得仅仅以某项信息采用数据电文形式为理由而否定其法律效力、有效性或可执行性，从而使电子签名包括在签字的范畴内。只要有办法可靠地保证自信息首次以其最终形式生成，作为一项数据电文或充当其他用途之时起，该信息保持了完整性；如要求信息展现，可将该信息展示给观看信息的人，就符合原件的规定。如果数据电文是举证人按合理预期所能得到的最佳证据，不得以其不是原件而否定其作为证据的可接受性。

（二）电子文件的管理体制

《中华人民共和国档案法》规定，“档案工作实行统一领导、分级管理的原则，维护档案完整与安全，便于社会各方面的利用”。国家档案行政管理部门主管全国档案事业，对全国的档案事业实行统筹规划，组织协调，统一制度，监督和指导。县级以上地方各级人民政府的档案行政管理部门主管本行政区域内的档案事业，并对本行政区域内机关、团体、企事业单位和其他组织的档案工作实行监督和指导。乡、民族乡、镇人民政府应当指定人员负责保管本机关的档案，并对所属单位的档案工作实行监督和指导。机关、团体、企事业单位和其他组织的档案机构或者档案工作人员，负责保管本单位的档案，并对所属机构的档案工作实行监督和指导。中央和县级以上地方各级各类档案馆，是集中管理档案的文化事业机构，负责接收、收集、整理、保管和提供利用各分管范围内的档案。

《电子公文归档管理暂行办法》规定，电子公文形成单位应指定有关部门或专人负责本单位的电子公文归档工作，将电子公文的收集、整理、归档、保管、利用纳入机关文书处理程序和相关人员的岗位责任。机关档案部门应参与和指导电子公文的形成、办理、收集和归档等各工作环节。电子公文一般应在办理完毕后即时向机关档案部门归档。

为规范电子文件管理，确保电子文件的真实、完整、可用和安全，保存国家历史记录，促进信息资源开发利用，《电子文件管理暂行办法》要求：电子文件管理应当遵循信息化条件下电子文件形成和利用的规律，坚持统一管理的原则，对电子文件管理工作实行统筹规划，统一管理制度，对具有保存价值的电子文件实行集中管理。电子文件形成单位应当对本单位电子文件管理工作进行统筹规划，建立管理制度，明确管理职责，规范工作流程，落实保障措施。各单位文秘和业务部门负责电子文件日常处理；档案部门负责归档电子文件管理；信息化部门负责为电子文件管理提供信息化支持；保密部门负责涉密电子文件的保密监督管理。各级国家综合档案馆负责接收和保管本馆接收范围内各单位形成的具有永久保存价值的电子文件，并依法提供利用；有条件的应当根据国家灾害备份的要求，建立本级电子文件备份中心或者异地备份库。

（三）电子文件管理的技术标准、规范

电子文件标准是按照规定的工作程序制定，经公认的权威机构批准的有关电子文件制发和管理的规则、方法、技术要求等方面的规定，是电子文件管理人员应该遵守的业务技术规范。电子文件标准应该与电子文件法律规范和制度的原则保持一致，在业务、技术领域对具有多样性、重复性的概念和事物加以规范，并应当具有较强的操作性。从标准的内容分，目前，我国已经颁布并执行的有关电子文件管理的标准大致有以下几类：

第一，电子信息管理通用性标准。主要有《信息交换用七位编码字符集》《信息交换用汉字编码字符集·基本集》《数据元和交换格式·信息交换·日期和时间的表示法》《信息与文献·术语》《信息技术词汇》《术语工作计算机应用词汇》《电子文件归档与管理规范》《电子成像词汇》《信息安全技术信息系统灾难恢复规范》《信息与文献文件管理第 1 部分：通则》《电子档案管理基本术语》等。

第二，电子文件与电子档案管理标准。为了保证有价值的电子文件与电子档案资源的移交与接收，应当遵循的标准规范有：《电子文件归档与管理规范》《公务电子邮件归档与管理规则》《文书类电子文件元数据方案》《版式电子文件长期保存格式需求》《基于 X M L 的电子文件封装规范》《照片类电子档案元数据方案》等。

第三，运用计算机及其相关技术设备管理电子文件和电子档案信息，当前一般采取数据库技术方法进行。电子文件和电子档案信息资源库通常应当包括目录数据库或元数据库、内容数据集等。电子文件与电子档案资源库建设应遵循的标准规范主要有：《中国档案机读目录格式》《档号编制规则》《档案关系型数据库转换为XML文件的技术规范》等。

第四，安全保障体系建设是电子文件与电子档案管理的基础工作，包括数据的安全和信息系统及其网络平台的安全。数据安全就是要保证电子文件与电子档案信息的可靠、可用、不泄密、不被非法更改等。系统及其网络平台安全就是要保持系统软硬件的稳定性、可靠性、可控性。安全保障体系建设主要通过两方面途径实现：一是按照信息安全等级保护的要求，采用相应安全保障技术方法，配备必要的软硬件设施。二是建立健全安全管理制度，并严格遵照实施，采取相应的技术措施和管理手段，消除包括数据窃听、电磁泄漏、电力中断、载体损坏、自然灾害、非法访问、计算机病毒、黑客攻击、系统超负载、假冒身份、权限扩散、数据篡改、操作失误等方面的安全隐患，应当应对这些安全隐患。同时，应当制订应急预案，完善灾难恢复机制，提高应急处置能力。电子文件与电子档案信息安全管理应遵循的标准规范有：《计算机信息系统安全保护等级划分准则》《信息安全技术 信息安全应急响应计划规范》《信息安全技术 信息安全风险管理指南》《终端计算机系统安全等级技术要求》等。

四、电子文件管理原则

根据《电子文件归档与管理规范》总则要求，电子文件自形成时应有严格的管理制度和技术措施，确保其真实性、完整性和有效性；应对电子文件的形成、收集、积累、鉴定、归档等实行全过程管理与监控，保证管理工作的连续性；应保证电子文件的凭证作用，对只有电子签章的电子文件，归档时应附加有法律效力的非电子签章。在《电子文件管理暂行办法》总则中明确规定，电子文件管理应当遵循信息化条件下电子文件形成和利用的规律，坚持统一管理，对电子文件管理工作实行统筹规划，统一管理制度，对具有保存价值的电子文件实行集中管理；坚持全程管理，对电子文件形成、办理、传输、保存、利用、销毁等实行全过程管理，确保电子文件始终处于受控状态；坚持规范标准，制定统一标准和规范，对电子文件实行规范化管理；坚持安全保密。按照国家有关法律法规和规范标准的要求，采取有效技术手段和管理措施，确保电子文件信息安全。为做好电子文件及电子档案管理工作，在管理活动中，除了坚持文件与档案管理的一般原则外，还应特别遵循以下原则。

（一）全程管理原则

根据电子文件的特点和管理要求，必须建立一个完整的管理体系，对电子文件从产生到永久保存或销毁的整个生命周期进行全程管理。实施全程管理应当体现管理工作的全面性、系统性和过程性等要求。

应当构建一个涵盖电子文件全部管理活动的目标体系、程序体系和技术方法体系，将电子文件和电子档案的管理流程、管理规则、管理方法以及质量要求等纳入管理范围内。

应当充分利用管理系统和各种资源，加强对电子文件生命周期内各个阶段所有管理活动和管理要素的统筹兼顾，强化各项管理内容和要求的无缝链接、系统整合，充分发挥系统软硬件资源和信息资源的共享性和效益，提高管理工作的总体效应。

应当严格电子文件与电子档案管理活动的过程控制，强化对电子文件生成、流转、利用、保管等每一项具体管理内容的实施过程进行监控，及时发现和纠正失误，不断调整管理策略。在过程管理中，所有有助于说明电子文件重要属性和有效管理过程的信息都被记录在案，以证实电子文件在管理系统中的运转状况，确保电子文件的管理质量。建立健全管理制度和工作程序并结合相应的技术措施，从电子文件形成开始不间断地对有关处理操作进行管理登记，保证电子文件的产生、处理过程符合规范，登记处理过程中相互衔接的各类责任者（如起草者、修改者、审核者、签发者等）、各类操作者（如打字者、发文者、收文者、存储管理者等）、责任凭证信息（如批示、签名、印章、代码等）以及传递、交接过程中的其他标识。

（二）前端控制原则

前端控制是现代文件、档案管理理念和重要内容，它以文件生命周期理论为基础，将文件形成到永久保存或销毁的不同阶段作为一个完整的过程进行统筹管理。

在文件生命周期的完整过程中，文件的形成是前端，处理、鉴定、整理、编目等具体管理活动是中端，永久保存或销毁是末端。在传统管理模式下，文件、档案管理的特征是分阶段、分环节控制，文件管理和档案管理作为两个相对独立的系统分别运行，文件、档案管理的全部目标和要求被分解到不同的阶段、环节和步骤之中。在数字环境条件下，文件和档案应当按照“一体化”管理模式的要求，进行统筹管理。前端控制就是对整个文件、档案管理全过程的目标、要求和规则进行系统分析、科学整合、统筹规划，把需要和可能在文件形成阶段实现或部分实现的管理功能尽量在文件的形成阶段实现。前端控制是实现电子文件全程管理的重要保障，是全面、系统、优化思想的集中体现。

（三）真实性保障原则

电子文件的真实性是指对电子文件的内容、结构和背景信息进行鉴定后，确认其与形成时的原始状况一致的性质。电子文件的背景信息是指描述生成电子文件的职能活动、电子文件的作用、办理过程、结果、上下文关系以及对其产生影响的历史环境等信息。

具有真实性的电子文件是由特定机构使用安全可靠的系统软件形成，没有发生被非法篡改或者误用过的情况，能够证明其用意、生成者或发送者、生成或发送的时间与既定的相符。真实性是保证电子文件行政有效性和法律证据性的基础，是电子文件反映历史面貌，构成社会价值，得以作为社会记忆长久保存的前提。

各形成单位和部门应采取可靠的安全防护技术措施，保证电子文件的真实性。《电子文件归档与管理规范》对保证电子文件的真实性提出了四条措施：第一，对电子文件的操作者进行可靠的身份识别、权限控制；第二，设置符合安全要求的操作日志，随时自动记录操作实施的人员、时间、设备、项目、内容等；第三，对具有凭证作用的电子文件逐页加注可靠的防错漏和防调换的标记；第四，对电子化的印记、签章等采取防止非法使用的措施。

（四）完整性保障原则

电子文件的完整性是指电子文件的内容、结构、背景信息和元数据等无缺损。元数据指描述电子文件数据属性的数据，包括文件的格式、编排结构、硬件和软件环境、文件处理软件、字处理和图形工具软件、字符集等数据。

电子文件的完整性包括两个方面的含义：一是作为记录社会活动真实面貌的具有有机联系的电子文件及其他形式的相关文件数量齐全；二是每一份电子文件的内容、结构和背景信息没有缺损。完整性是保障电子文件价值的重要指标之一，残缺不全的文件会降低电子文件信息的价值量，因此，维护电子文件的完整性是文件、档案工作人员的重要职责。

为了确保相关电子文件的齐全完整，必须掌握电子文件的形成规律和分布状况，加强对电子文件的形成登记及日常积累工作的管理，通过管理系统软件功能和人工监控的方式，及时将具有有机联系的电子文件收集齐全，特别是对在不同应用系统中分散形成的、不同媒体的或通过非正式渠道传递的具有内容相关性的电子文件的收集和捕获。《电子文件归档与管理规范》对电子文件的形成登记及收集积累工作都提出了明确要求。

1. 电子文件的登记要求

每份电子文件均应在《电子文件登记表》中登记，电子文件登记表应与电子文件同时保存，电子文件登记表如果制成电子表格，应与电子文件一同保存，永久保存的电子表格应附有纸质等拷贝件并与相应的电子文件拷贝一起保存。

不同类别及稿本的电子文件应分别登记。电子文件稿本代码：M—草稿性电子文件；U—非正式电子文件；F—正式电子文件。电子文件类别代码：T—文本文件；I—图像文件；G—图形文件；V—影像文件；A—声音文件；O—超媒体链接文件；P—程序文件；D—数据文件。

2. 电子文件的收集积累要求

记录了重要文件的主要修改过程和办理情况，有查考价值的电子文件及其电子版本的定稿均应被保留。正式文件是纸质的，如果保管部门已开始进行向计算机全文的转换工作，则与正式文件定稿内容相同的电子文件应当保留，否则可根据实际条件或需要，确定是否保留。

当公务或其他事务处理过程只产生电子文件时，应采取严格的安全措施，保证电子文件不被非正常改动。同时，应随时对电子文件进行备份，存储于能够脱机保存的载体上。

对在网络系统中处于流转状态，暂时无法确定其保管责任的电子文件，应采取捕获措施，集中存储在符合安全要求的电子文件暂存存储器中，以防散失。

对用文字处理技术形成的文本电子文件，收集时应注明文件存储格式、文字处理工具等，必要时同时保留文字处理工具软件。文字型电子文件以XML、RTF、TXT为通用格式。

对用扫描仪等设备获得的采用非通用文件格式的图像电子文件，收集时应将其转换成通用格式，如无法转换，则应将相关软件一并收集。扫描型电子文件以JPEG、TIFF为通用格式。

对用计算机辅助设计或绘图等设备获得的图形电子文件，收集时应注明其软硬件环境和相关数据。

对用视频或多媒体设备获得的文件以及用超媒体链接技术制作的文件，应同时收集其非通用格式的压缩算法和相关软件。视频和多媒体电子文件以MPEG、AVI为通用格式。

对用音频设备获得的声音文件，应同时收集其属性标识、参数和非通用格式的相关软件。音频电子文件以WAV、MP3为通用格式。

对通用软件产生的电子文件，应同时收集其软件型号、名称、版本号和相关参数手册、说明资料等。专用软件产生的电子文件原则上应转换成通用型电子文件，如不能转换，收集时则应连同专用软件一并收集。

计算机系统运行和信息处理等过程中涉及的与电子文件处理有关的参数、管理数据等应与电子文件一同收集。

对套用统一模板的电子文件，在保证能恢复原形态的情况下，其内容信息可脱离套用模板进行存储，被套用模板作为电子文件的元数据保存。

定期制作电子文件的备份。

（五）可用性保障原则

电子文件的可用性是指电子文件可以被检索、呈现和理解的性质。电子文件的可用性是建立在电子文件的有效性基础之上的。电子文件的有效性指电子文件应具备的可理解性和可被利用性，包括信息的可识别性、存储系统的可靠性、载体的完好性和兼容性等。

为保障电子文件的有效性，电子文件的形成单位和档案保管部门每年均应对电子文件的读取、处理设备的更新情况进行一次检查登记，设备环境更新时应确认库存载体与新设备的兼容性，如不兼容，应进行电子文件的载体转换工作，原载体保留时间不少于3年；对保存的电子文件还应当进行一次抽样机读检验，抽样率不低于10%，如发现问题应及时采取恢复措施；检验结果填入《归档电子文件管理登记表》；随着系统设备更新或系统扩充，应及时对归档电子文件进行迁移操作，并填写《归档电子文件迁移登记表》。

第二节 电子文件的归档工作

一、电子文件的归档

电子文件的归档是指将具有保存价值的电子文件按照有关规定和要求移交给档案部门的过程。

（一）建立健全电子文件归档制度

为确保电子文件归档工作的顺利进行和归档电子文件的质量，各单位应当建立健全电子文件归档制度。通常情况下，电子文件归档制度应明确归档文件的范围、归档质量、归档方式、归档套数、归档时间、归档手续等方面的要求。

1. 明确归档文件的范围

电子文件的归档范围应按照国家关于文件归档的有关规定，结合具体单位的工作实际和电子文件的特点执行。通常情况下，应将具体单位基本职能活动以及具有代表性的次要职能活动中形成的具有保存价值的文件作为重点，纳入归档电子文件的范围，而大多数辅助性职能活动中形成的以及来自外单位的电子文件，可根据其重要程度和是否直接相关而确定是否纳入归档文件范围。在确定电子文件归档范围时，还应遵循维护电子文件完整性的原则，将涉及具有保存价值的电子文件的内容、结构、背景信息和元数据等信息的文件都归档。

主要应包括记录了重要文件的主要修改过程，有查考价值的电子文件；在无纸化办公或事务处理系统中产生的电子文件；用文字处理技术形成的电子文件及文字处理平台；用扫描仪等设备获得的图像电子文件及非标准压缩算法的相关软件；用计算机辅助设计或绘图等获得的图形电子文件及其软硬件环境和相关数据；用视频设备获得的动态图像文件及其非通用格式的压缩算法和相关软件；用音频设备获得的文件及其非通用格式的相关软件；由计算机多媒体技术制作的文件及其包含多种信息形式的文件对象；通用软件产生的电子文件及其软件型号、名称、版本号和相关参数手册、说明资料等；专用软件产生的电子文件及其专用软件；计算机系统运行和信息处理等过程中涉及的与电子文件处理有关的参数、管理数据等。

目前，在文件载体转换时期，因电子文件的法律证据性等关键问题还没有解决，实行双轨制文件管理模式是历史的必然。对于那些主要职能活动和主要工作环节形成的重要电子文件，还必须将其纸质化或缩微化形成的配套纸质文件或缩微胶片建立关联关系标识，一并纳入归档范围。

2. 归档质量

为保证电子档案的质量，对归档电子文件有以下质量要求：归档电子文件载体应当清洁、无划痕、无病毒；归档电子文件应当具备真实性、完整性、有效性和安全性；电子文件的审核手续完备；电子文件登记表、软件、说明资料等齐全；电子文件应按年度、机构、问题、保管期限、密级等因素相对集中进行系统整理并具备条理性；涉密电子文件应当符合国家有关保密安全的要求等。

3. 归档方式

电子文件的归档可分两步进行，对实时进行的归档先做逻辑归档，然后定期完成物理归档。归档时，应充分考虑电子文件的技术环境、相关软件、版本、数据类型、格式、被操作数据、检测数据等技术因素。

电子文件的归档方式有逻辑归档和物理归档两种。逻辑归档是指在计算机网络上进行，不改变原存储方式和位置而实现的将电子文件的管理权限向档案部门移交的过程。物理归档是指把电子文件集中下载到可脱机保存的载体上，向档案部门移交的过程。

凡在网络中予以逻辑归档的电子文件，均应定期完成物理归档。

4. 归档套数

归档的电子文件应当集中拷贝至耐久性的载体上，一式三套。其中，第一套（套别号为A）封存保存，第二套（套别号为B）供查阅使用，第三套（套别号为C）异地保存。对于加密电子文件，则应解密后再完成上述工作。

因实行双轨制管理模式，归档的电子文件还应归档保存一套对应的异质文件。

5. 归档时间

逻辑归档可实时进行，物理归档应按照相关规定定期完成。

电子文件的归档一般在年度或任务完成后，或一个阶段之后的一段时间内进行归档（又称为阶段归档），可视其具体情况而定。

因涉及电子文件的技术环境条件，存储介质的质量、寿命等问题，一般以不超过3个月为宜。

6. 归档手续

归档申请经同意后，档案保管部门须对归档电子文件质量进行检查；验收合格后，档案保管部门应填写电子档案接收检验登记表，交接双方应当签字盖章进行确认；登记

表一式两份，一份交电子文件形成部门留存，一份由档案保管部门留存。

（二）电子文件归档工作

电子文件归档工作主要包括电子文件的归档鉴定、选择存储载体、系统整理、制作光盘、编制目录等环节。

1. 电子文件的归档鉴定

电子文件的归档鉴定主要包括真伪鉴定和价值鉴定两个方面。

由于电子文件的信息易变性和信息与特定载体的可分离性等特点，致使电子文件的真伪鉴定日益重要且必不可少。真伪鉴定是运用一定的技术方法，对电子文件的原始性、真实性进行鉴定，保障电子档案内容完全和正确地表达其所反映的事务、活动或事实，从而提高电子文件的可靠性。具体地说，就是要运用技术方法，通过一定的技术手段对电子文件的形成过程、文件关联关系、版本特征等元数据和背景信息进行检测、分析和判定。

电子文件是因为对今后工作具有参考利用价值才归档保存的，对电子文件进行价值鉴定当然是不可或缺的。在对电子文件进行价值鉴定时，应当根据一定的原则，采用定量或定性分析的方法，客观分析和判断电子文件的历史和现实价值的大小，按照电子档案保管期限表等档案业务规范文件的规定，从而确定其保管期限的长短。

2. 选择存储载体

按照规定，电子档案须采用物理归档方式进行。因此，在进行电子文件归档整理前应当先明确用以存储电子档案的载体类型。通常情况下，应当按照电子文件和电子档案管理的相关业务标准和规范，结合单位工作实际和电子档案具体文件的特点合理选用存储载体。

光盘是一种用激光和光学系统读写的光存储信息载体，有存储容量大、数据存取方便、归档寿命长、单位信息存储价格低和易于保存等优点，常用作归档载体。目前，电子文件归档通常选用 CD-R/DVD±R 光盘。电子文件采用 CD-R/DVD±R 归档时，应使用档案级光盘。档案级光盘是可记录光盘中的优选品，其各项技术指标优于工业标准，档案级光盘的归档寿命大于 20 年，CD-R 和 DVD±R 档案级光盘的技术指标在达到相应行业标准要求的基础上，还应满足下列指标要求：

CD-R 档案级光盘：记录前，寻轨错误 TE ≤ 0.45；聚焦错误 FE ≤ 0.5。记录后，块错误率 BLER ≤ 50，E32=0；信号不对称性 beta，-0.10 ～ 0.15。光盘温湿度耐候试验，在温度 55℃、相对湿度 50% 的环境条件下，放置 96 小时，光盘的块错误率 BLER ＜ 150，

E32=0。

DVD+R 档案级光盘：记录前，寻轨错误 TE ≤ 0.45；聚焦错误 FE ≤ 0.5。记录后，奇偶校验内码错误（连续 8 个 ECC）PIE<80，奇偶校验外码失败 POF=0；记录后，信号对称性 beta，-0.15 ~ 0.15；数据对时钟抖晃 DC Jitter＜ 8。光盘温湿度耐候试验，在温度 55℃、相对湿度 50% 的环境条件下，放置 96 小时，奇偶校验内码错误（连续 8 个 ECC）PIE ＜ 180，奇偶校验外码失败 POF=0。

3. 系统整理

由于目前办公自动化程度还较低，相应的意识和配套措施还未到位，各单位应根据自己的实际情况，灵活选择电子文件整理工作模式。对于电子文件多的单位，可由电子文件的各形成部门即时整理归档，由档案部门监督指导完成刻盘任务；对于电子文件少的单位，可以将电子文件从各形成部门集中到档案部门进行统一整理，代为归档。

电子文件应严格按照归档文件整理和档案管理的相关业务标准和规范来进行系统整理，具体实现起来可以分如下几步：

第一步，归档审查。

为确保归档电子文件的质量，维护电子档案的真实性、完整性、可靠性和可用性，保障电子档案真实完整、安全可用，在对归档电子文件进行系统整理时，还须由档案部门根据单位的归档范围和保管期限表，对电子文件进行归档审查。主要审查内容有：审查确定文件是否应当归档，归档文件保管期限划分是否准确，归档文件纸质、电子形式是否一致，应当归档的电子文件是否齐全、完整、准确，电子文件是否真实有效等。

第二步，组织保管单位。

组织保管单位就是指将经过审查合格的电子文件集中到计算机的可存取的外部存储器上，然后按照归档文件整理和档案管理的相关业务标准和规范进行分类、文件组合等工作。

对归档电子文件分类可采用“保管期限—年度—机构或问题”等方法进行。

对归档电子文件组合可按照“光盘文件夹—年度文件夹—机构或问题文件夹”等层级关系进行对应电子文件的集中工作。

有特殊要求的技术档案、专业档案、专项档案，可按项目归档组盘，一个项目的电子文件不允许分散保存，而应尽量集中在一张盘片上，如果一张光盘不能容纳，可以用多张光盘来存储，但该部分光盘的编号应当是相承接和连续的。电子文件较少的单位可以将一年内的电子文件集中在一张盘上，便于光盘信息结构的组织和电子文件光盘的归档。

具体整理操作中，首先应当确定归档电子文件分类、组盘的方案，在计算机硬盘及其他移动存储器上先设一个总文件夹（注：文件夹名称可自定义），用以存放待整理的电子文件。然后在总文件夹内再设置不同的子文件夹，并用对应的保管期限或年度来命名子文件夹，用以存放各保管期限或年度的电子文件，以此类推，在保管期限或年度子文件夹内还可再设置各机构或问题等的各类别子文件夹，分别管理不同类别的电子文件。最后在计算机的存储载体上形成一个树形结构，并根据电子文件的内容特征、形式特征及元数据信息等，将电子文件分别集中到对应的文件夹中。

第三步，刻盘准备。

电子文件的保管单位组织完成后，应当进行电子文件归档光盘的制作准备工作。

首先，应当按照档号编制规则、档案著录规则、电子文件元数据标准、目录数据库结构等的要求，着手确定电子文件的排序和电子档案的档号及目录的编制方案并实施。

其次，参照《电子档案移交与接收办法》的要求，在计算机的硬盘上设置一个或多个光盘文件夹，每一个光盘文件夹内还必须设置两个子文件夹和创建两个文件。

必须设置的两个子文件夹分别是：

电子档案数据文件夹，命名为“电子档案”，用以存放应归档的各种电子文件。

其他文件夹，命名为“其他”，用以存放各种其他希望存入光盘的文件（阅读电子文件的辅助文件等，可以为空）。

应当创建的两个文件分别是：

目录文件，文件命名为“文件目录.XML”及“案卷目录.XML”。一张光盘只有一个目录文件，存放有关档案的目录信息，目录文件与每份电子档案相对应，根据电子档案具体归档方式进行文件级描述或案卷级描述（将标识中的“文件”二字改为“案卷”），每个条目中包括载体内电子档案顺序号、档号、责任者、题名、日期、密级、电子档案名称、备注等内容。目录文件XML信息（encoding属性值可以是“GB18030”“GB2312”“UTF-8”）。

说明文件，文件名为“说明文件.TXT”。一张光盘只有一个说明文件，存放有关本载体的各种信息。包括光盘参数（如光盘容量、光盘类型等）；光盘编号（各单位为所保管的光盘统一顺序编号）；光盘保管单位、光盘制作单位、光盘一致性检查单位；阅读本光盘所需要的硬件、软件环境（光盘驱动器的型号、计算机配置、软件操作系统及其版本、显示电子文件的软件等）；其他各种有助于说明本张光盘的信息。

最后，将组织保管单位的工作成果及其电子文件封装包（EEP文件）移至“电子档案”文件夹内，将阅读和处理本光盘内电子文件所需的辅助文件以及其他希望存入光盘的文件等移至“其他”文件夹内。

4.制作光盘

电子文件归档光盘的制作主要包括刻制光盘、浏览与检测光盘、标注光盘标签等环节工作内容。

第一步，刻制光盘。就是将准备刻录到光盘上的电子数据（虚拟光盘文件夹内的数据）打包刻录到光盘上。刻制光盘时，刻录环境配置应当注意：一次刻录的电子数据不能超过该张光盘的有效存储容纳量（一般情况下，CD-R光盘的有效存储容纳量控制在650MB内，DVD±R光盘的有效存储容纳量控制在4.7GB内），所使用的计算机的配置不能过低，应使用优质的刻录光驱（CD-R 光盘和 DVD±R 光盘的数据刻录应分别选用专用刻录机，选用的刻录机应能识别档案级光盘的最佳写功率和写策略）和刻录光盘（建议使用档案级光盘）。数据刻录应当注意：刻录前先进行病毒检测和杀毒处理；刻录前，光盘刻录机必须在工作环境中放置 2 小时以上；正式刻录前还应当进行刻录测试；光盘数据刻录时采用中低速刻录（CD-R 光盘采用 24 ～ 40 倍速刻录速度，DVD±R 光盘采用 8 ～ 12 倍速刻录速度）；归档电子文件必须首先制作成映像文件；在刻录之前关闭系统其他应用程序，然后采用全盘一次刻完方式进行光盘数据刻录；归档光盘数据刻录完成后应设置成禁止写操作的状态，不能再对光盘数据进行增减；应保证所刻录数据的传输连续性；使用新版本的专用或知名品牌的刻录软件等。

第二步，浏览与检测光盘。刻制光盘后应借助光盘浏览和检测软件，浏览和检测刻制的光盘是否符合标准，内容信息是否齐全、完整和有效等。归档前必须对光盘的错误率和不可校正错误进行检测，检测合格的方可归档，检测不合格的光盘须报废，重新刻录并检测合格后才可归档。检测光盘时按照《电子文件归档光盘技术要求和应用规范》执行。已刻录数据的归档光盘的主要技术指标要求：CD-R 光盘的 BLER ＜ 50、E32=0；DVD±R 光盘的 PIE ＜ 80、POF=0；归档光盘检测设备的光路和光学头应符合光盘检测设备的检测光路和光学头特性的参数要求；归档光盘检测前，检测设备必须用基准光盘校验定标，保证检测数据的可靠性和一致性；相同条件下（时间、刻录环境）刻录产生的同一批归档光盘，可依据国标 GB/T 2828.1-2003 来进行随机抽样检测；接受质量限 AQL 的数值应不大于 1，按一般检验水平Ⅱ来抽检；根据批量光盘数 N，从样本量字码表中确定出样本量字码；根据样本量字码和接受限 AQL，从正常检验一次抽样方案表中确定出接收数 Ac、拒收数 Rc 以及需要抽检的样本量 n；按系统随机抽样方法，首先给批中每个光盘编号 1 ～ N，然后确定抽样间隔，若样本量为 n，则取 N/n 的整数部分作为抽样间隔，最后按抽样间隔从批中抽取样本 n；执行抽样检测后，如果所检批的样本量中不合格数未超过允收值 Ac，则认为该批合格，但需要把所抽检的样本中不合格品重新刻录后再交验；全部合格后的光盘方可归档保存。

第三步，标注光盘标签。存储电子档案的光盘和光盘盒上应当分别标注反映其内容的标签。光盘标签面上的标注信息应当使用非溶剂基墨水的软性标签笔书写，禁止用硬笔书写，禁止在光盘的激光读出面数据区书写标签；手拿光盘进行书写时应当用两个手指捏住光盘的中心孔和外缘，禁止用手弯曲光盘。光盘标签应当标注反映其内容项目，其标注内容项目方法如下：

载体标识：全宗号－年度－载体顺序号，如 D011-2021-00E。

载体盒标注：全宗号、年度、载体顺序号、数据量、密级、保管期限、存入日期、运行环境、套别等。全宗号是档案馆分配给立档单位的编号；年度是该载体内档案起止年度，如 2020 年至 2021 年即标定为 2020/2021；载体顺序号是电子档案载体排列的顺序号，由阿拉伯数字组成；数据量是载体内档案存储容量；密级按存储在载体内电子档案的密级标注；保管期限按存储在载体内电子档案的保管期限标注；存入日期是将电子档案拷贝至载体的日期，格式为年月日，如 2021 年 2 月 8 日即写为“20210208”；运行环境即识别或操作电子档案的软硬件平台；套别是指档案馆存储电子档案载体的套号，用大写英文字母 A、B、C 表示。A 表示封存保管，B 表示查阅利用，C 表示异地备份。

5. 电子档案目录编制

通过对光盘及其所存储的所有电子文档的内容与形式特征的著录形成电子档案目录。通常利用文档管理系统软件直接生成，也可以与著录文件相互转换生成。电子档案目录的格式及编制要求按照相关标准和规范进行。

二、电子文件的归档移交与接收

归档电子文件应按有关规定如期移交至档案部门，进行集中保管。移交时，应充分考虑电子文件的技术环境、相关软件、版本、数据类型、格式、被操作数据、检测数据等技术因素。如果文件形成单位采用了某些技术方法保证电子文件的真实性、完整性和有效性，则应把其技术方法和相关软件一同移交；相应的电子文件机读目录、相关软件、其他说明等一同移交，并附《归档电子文件登记表》，归档电子文件应以盘为单位填写《归档电子文件登记表》的首页，以件为单位填写续页。归档移交后，电子文件形成部门应将存有归档前电子文件的载体保存至少 1 年。

对于逻辑归档的电子文件，系统将自动赋予文件以归档标识，并生成《归档电子文件登记表》，交接双方在登记表上签字，此时，电子文件进入档案管理状态。对于物理归档的电子文件，应根据归档电子文件登记表进行检查验收。文件形成单位在移交电子文件之前，档案保管部门在接收电子文件之前，均应对归档的每套载体及其技术环境进行检验，合格率达到 100% 时方可进行交接。

检验项目如下：载体有无划痕，是否清洁；有无病毒；核实归档电子文件的真实性、完整性、有效性检验及审核手续；核实登记表、软件、说明资料等是否齐全；对特殊格式的电子文件，应核实其相关的软件、版本、操作手册等是否完整。检验结果分别由移交单位、接收单位填入《归档电子文件移交、接收检验登记表》的相应栏目。

档案保管部门应按照要求及检验项目对归档电子文件逐一验收。对检验不合格者，应退回形成单位重新制作，并再次对其进行检验。

档案保管部门验收合格，完成《归档电子文件移交、接收检验登记表》的填写、签字、盖章环节等交接手续。登记表一式两份，一份交电子文件形成单位，一份由档案保管部门自存。对于采用双套制的电子文件，应遵循纸质文件的归档手续，双方在移交清单上签字，清单一式两份，各持一份，保存备查。

第三节 电子档案的移交与接收

一、电子档案移交接收工作的管理

（一）工作计划

档案部门应当对电子档案的接收移交工作制订合理的长远业务规划（包括五年规划、年度计划等形式），确保接收移交业务可持续发展，且应当定期对规划进行修订和调整完善。

档案部门应预测可能影响电子档案长期保存的风险和突发因素，并制订应急预案。档案部门应制作电子档案的备份，确定其备份管理机制。档案部门之间宜开展协议互助，共同支撑电子档案长期保存业务连续性，以规避政治、经济、社会、灾害等各方面的可能的负面影响。

（二）业务流程

档案部门应明确其保管范围内的数字对象，明确必要的业务流程和环节，并遵从相应的业务规范。宜根据移交与接收对象对业务流程进行区分，识别业务节点，进行业务描述，实行业务流程标准化管理等。

（三）风险控制

档案部门应针对电子档案进行风险控制管理，包括识别风险要素、制订风险管理计划和应急管理方案等。

档案部门要不间断进行风险监控，要对技术、管理带来的风险进行区分，识别潜在的威胁，如介质故障、硬件故障、软件故障、自然灾害、机构撤销或合并等，应根据不同的风险采取适当的应对措施，宜综合采取管理和技术的措施来应对，并根据环境和要求的变化进行策略调整。

（四）质量管理

档案部门应当建立合适的质量管理政策（或体系），以确保电子档案长期保存目标的实现。

质量管理政策应能说明质量管理的目标和原则，包括长期保存的质量要求、质量管理程序以及质量管理记录。质量要求是针对不同的功能、模块和保管对象的；质量管理程序要按照业务职能进行区分，划归不同的业务板块，存在交互的，对彼此的相互关联进行说明。

质量管理应具备完善的记录模板，质量管理要求应与管理程序、管理记录之间一一对应，确保每一套质量管理程序能够实现相应的管理要求，管理记录能够证明质量管理目标得到实现，质量管理程序符合政策要求。

质量管理记录应妥善保管，记录行为应不受人工干预，查看记录应通过审核与授权程序。

（五）许可权利与义务

档案部门应在有关移交与接收制度或协议中明确与电子档案长期保存有关的术语、角色、责任等内容。制度或协议应包含档案部门与电子档案内容拥有者（如立档单位、捐赠者等）、电子档案服务提供者（如软件开发商、信息中介、系统维护方）之间的协定。相关协议及其实施方案应能通过第三方审计，以便对风险和责任进行评估。

档案部门对电子档案对象的收集、移交和利用应遵从相关法律法规要求。应制定相关的协议或方案，保护立档单位、捐赠者以及相关个人（涉及有关个人的数据时）的合法利益。应与电子档案生成者针对移交对象的范围、属性、相关利用范围和条件签订协议，对所涉及的知识产权和所有权转移做出说明，此后如出现受协议限制不便对用户提供利用的，则应做出解释；电子档案涉及的系统和相关技术、设备应符合档案保管的要求，涉密信息应满足保密领域的规范要求。应确保与长期保存对象相关的操作和处置行为应在获得授权后进行，确保这些行为符合相关协议的规定，遵从相关法律法规要求；档案部门应以正式或非正式协议的方式，与电子档案提供者共同确认移交范围、利用条件、档案部门的保存权利和义务，以及涉及知识产权、隐私保护方面的约定；应当通过协议确认电子档案对象的所有权、使用权、销毁条件、安全等级、信息包定义和介质等事项。

（六）工作文档管理

档案部门应对与电子档案管理相关的职能、程序、软硬件及长期保存策略变化过程予以记录。

档案部门应对电子档案的核心管理活动、系统设置及其变化情况进行记录，应能说明长期保存业务的实现符合法律法规、协议规定的要求，应能确保业务的透明性和可回溯性。活动记录应能说明所收集、长期保存的数字对象完整性及其变化情况，特别是在接收保存、提供利用前后的完整性变化，应能通过文档记录得以证实。

二、电子档案移交接收的范围与质量要求

根据相关规定，属于国家综合档案馆接收范围的电子档案，各相关单位均应当向同级国家综合档案馆移交。档案移交单位一般自电子档案形成之日起 5 年内向同级国家综合档案馆移交。对于有特殊要求的电子档案，可以适当延长移交时间。移交与接收的电子档案应当真实可靠、齐全完整和安全可用；涉密电子档案的移交与接收应当符合国家有关保密安全的要求。

移交的电子档案应当符合如下基本要求：元数据应当与电子档案一起移交，一般采用基于 XML 的封装方式组织档案数据；电子档案的文件格式按照国家有关规定执行；电子档案有相应纸质、缩微制品等载体的，应当在元数据中著录相关信息；采用技术手段加密的电子档案应当解密后移交，压缩的电子档案应当解压缩后移交；特殊格式的电子档案应当与其读取平台一起移交。

采用离线移交的电子档案应当满足下列具体要求：移交单位一般采用光盘移交电子档案，光盘应当符合归档要求；一般向同级国家综合档案馆移交一套光盘，光盘应当单个装盒；应当按照有关要求进行光盘数据刻录及检测；存储电子档案的载体和载体盒上应当分别标注反映其内容的标签；移交载体内电子档案的存储结构符合规范要求。

采用在线移交的电子档案应当满足下列具体要求：移交单位应当通过与管理要求相适应的网络传输电子档案，传输的数据应当包含符合要求的电子档案及其元数据，数据结构一般为一张或多张光盘载体内电子档案的存储结构组合，单张光盘的数据量小于光盘的实际容量。

三、电子档案移交接收的方法和流程

电子档案的移交接收可采用离线或在线方式进行。

档案移交单位在向国家综合档案馆移交电子档案之前，应当对电子档案数据的准确性、完整性、可用性和安全性进行检验，合格后方可移交。电子档案移交的主要流程是：组织和迁移转换电子档案数据、检验电子档案数据、移交电子档案数据等步骤。档案移交单位应当将已移交的电子档案在本单位至少保存 5 年。

档案接收部门应当建立电子档案接收平台，进行电子档案数据的接收、检验、迁移、转换、存储等工作。电子档案接收的主要流程是：检验电子档案数据、办理交接手续、接收电子档案数据、著录保存交接信息、迁移和转换电子档案数据、存储电子档案数据等步骤。档案接收部门应当对接收的电子档案数据的准确性、完整性、可用性和安全性进行检验，合格后方可接收；应当将电子档案交接、迁移、转换、存储等信息补充到电

子档案元数据中；应当对电子档案数据迁移和转换前后的一致性进行校验；应当对接收的电子档案载体保存 5 年以上。

电子档案检验合格后办理交接手续，填写《电子档案移交与接收登记表》，由交接双方签字、盖章，各自留存一份；《电子档案移交与接收登记表》可采用电子形式并以电子签名方式予以确认。

第四节 电子档案的保管

一、电子档案长期保存策略和方法

电子档案在馆藏中应当保存一段足够长的时间，可以延伸到不确定的未来。长期保存过程需要考虑支持新载体和新数据格式，以及用户对象的变化对于馆藏电子档案信息资源的影响。为达到长期维护电子档案载体和信息的完整性、安全性、可靠性、可用性等目的，电子档案保管部门应当制定并实施一系列科学合理的保管策略和行为。

长期保存是电子文件进入档案管理阶段后的主要管理目的。实现电子档案的可信的长期保存，就需要将其置入可信数字仓储环境中。可信数字仓储（Trustworthy Digital Repository，简称 TDR）是需要负责数字资源长期、可靠的管理和维护的机构组织，它按照普遍接受的协议和标准设计完整的运行系统，制订切实可行的政策和实施方案，并且有持续的财政支持和规范的评价系统，能够对资源提供者和用户长期负责。数字档案馆（室）运用现代信息技术对数字档案信息进行采集、加工、存储、管理，并通过各种网络平台提供公共档案信息服务和共享利用的档案信息集成管理系统，是适用于电子文件长期保存的可信数字仓储，它既是实体概念，也是信息系统概念。实施数字档案馆（室）建设工程，是解决电子档案长期保管和保存的一种科学策略和有效方式。

长期保存活动作为一项长时间跨度的涉及组织、技术、管理等多个领域的复杂活动，需要确立较为完善的管理策略，在感知风险、组织构建、系统设计、应急处置等诸多方面都需要策略设计。电子文件长期保存政策策略主要体现在电子文件国家战略安排与长期保存合作机制建设方面。经过多年的努力，我国电子文件管理国家战略已初步形成，电子档案长期保存纳入了未来关键技术攻关领域，体现了在国家战略层面上对电子档案长期保存工作的重视。由于电子文件长期保存涉及的要素众多，在机构内部就需要档案部门、业务部门、信息部门等通力合作，在社会层面上则要充分发挥产学研合作机制，从载体研究、格式标准、系统方案等多角度发力。电子档案长期保存需要大量的管理策略支持，主要包括安全管理、格式管理、质量管理、备份管理、载体管理等。在具体开展电子文件长期保存活动中，保证电子文件可读性是最基本的维护内容，需要保存机构准备较为丰富的技术手段予以支持，可读性维护的基本技术策略包括标准化、迁移、封装、仿真等。结合我国数字档案馆建设实际，制定电子档案长期保存策略应当分别从组织因素、管理因素、数字对象管理、技术与安全等方面的各项需求综合考虑。

在法律层面确立保存机构对电子文件长期保存、管理和存取利用的职责，并且通过制定必要的代管制度，有效降低业务中断或停止风险，保障可持续管理。在组织机构与人员设置上要求保存机构根据需要设置内部相关组织机构，合理划分技能水平合格的人力资源，并能为工作人员提供持续的继续教育机会，以满足应对电子文件长期保存的技术发展、法律环境变化的需要。在财政保障方面要求保存机构应具备长期保存电子文件的财政基础，确保业务持续发展所需的资金充足、来源合法、审批合规，应按照财务规定对长期保存工作中的财务活动进行持续、规范、精细化的管理。

管理因素包括业务连续性计划、业务流程管理、风险管理控制、合同管理、质量管理、文档管理、标准遵从能力、利用管理等方面。以业务连续性计划、业务流程管理和风险管理控制三项管理因素为例，规范应要求保存机构提供电子文件长期保存的长远规划，并定期修订和完善；预测风险和突发因素，并制订应急预案；制作电子文件信息备份，确定备份管理机制；保存机构之间开展协议互助，共同支撑业务连续性。在业务流程管理方面，保存机构应明确其保管范围内的数字对象，明确必要的业务流程和环节，并遵从相应的业务规范；根据保管对象对业务流程进行区分，识别业务节点，进行业务描述，实行业务流程标准化管理等。在风险管理控制方面，应针对电子文件进行风险管理，不间断进行风险监控，区分各类风险，识别潜在威胁，并根据不同风险采取适当应对措施，宜综合采取管理和技术的措施来应对，并根据环境和要求的变化进行策略调整。

基于开放档案信息系统（OAIS）提供的功能框架，数字对象管理包括接收管理、形成档案信息包（AIP）、长期存储管理、长期保存规划、存取利用管理等模块。明确移交范围、移交对象、移交途径、利用限制，确立双方的信息沟通与反馈机制，确保移交过程中出现的问题能够及时解决，按其基本过程分为签订移交协议、识别移交对象、移交验证和过程管理等环节。明确用于长期保存的电子文件信息在系统中最好以档案信息包的形式存在，即将数字对象与其元数据以物理或逻辑封装的形式表达，并遵从《基于XML的电子文件封装规范》（DA/T48-2009）的封装规范。要求保存机构应妥善保管AIP包，制订良好的备份和恢复方案，并定期测试AIP内容可读性，以确认表征信息可用、内容可理解，保证目标受众能够读取电子文件。要求保存机构要根据事先定义的、成文的政策和规程制定长期保存策略，并建立良好的更新机制，使其具备可行性、可信性、透明性等特点。要求保存机构应制定并公布相关利用政策，包括馆藏数字资源的利用范围、利用方式和要求，确保用户在利用前能够知晓，根据不同群体的需求和权限差异制定出个性化的利用政策。

在基础设施方面，保存机构应具备功能良好的操作系统和其他核心基础软件；应确保具备充分的软硬件；应明确用户服务所需软硬件水平和基本要求；应确立硬件变更和迁移的政策；应确定符合长期保存要求的存储介质政策；应具备对系统关键变更进行测试的机制等。

在安全保障方面，保存机构应确保系统的基本安全要求；遵从行业相关的安全管理规范，如副省级数字档案馆系统要求满足等级保护三级要求；应进行系统全面的安全需求分析，评估各种风险要素并制订安全应急预案；应明确与安全管理相关的角色、职责和授权；应制订书面的容灾和恢复计划；应在更新软件时进行安全测试等。

二、电子档案安全保管要求

存储电子档案信息的磁性载体和光盘等载体的自然寿命受存放保管环境因素影响较大。不适宜的温湿度会造成磁性载体聚酯底基膨胀或收缩变形，光盘载体中使用的塑料、铝和多碳材料发生弯曲变形，导致档案信息缺失。光线和有害气体能使电子档案载体的材料发生光氧化反应，腐蚀、破坏磁性载体和光盘，致使盘基带基老化、变质和磁粉脱落，电子信息丢失；光线中的紫外线还会破坏磁性载体的剩磁的稳定性，导致信号衰减，影响磁性记录信息的读写效果。灰尘对电子档案载体会造成污染、划伤磁盘、磁带或光盘表面导致记录信息的损毁；灰尘传播霉菌孢子，霉菌孢子把电子载体当繁殖地，分泌酶和有机酸损坏载体；灰尘中所含的化学成分会引起磁性载体、光盘载体的腐蚀和降解，造成载体毁坏，记录信息消失。磁场能使磁性涂层的剩磁发生消磁或磁化，造成信号失真或信噪比降低，破坏记录信息，影响读出效果。强烈的机械震动也会影响磁性载体材料中磁分子的排列次序，造成剩磁衰减，从而破坏记录信号。为此，档案部门应当重视并加强电子档案安全保管工作，严格按照相关制度和规范妥善保管好电子档案。

（一）存放保管环境条件要求

1. 保持良好的库房温、湿度环境

电子档案磁性载体应在温度 15℃～27℃、相对湿度 40%～60% 范围内选定一组值，一旦选定，在 24 小时内温度变化不得超过 ±3℃、相对湿度变化不得超过 ±5%。环境温度选定范围通常为 17℃～20℃，相对湿度选定范围通常为 35%～45%。最佳环境温度是 18℃、相对湿度是 40%。

电子档案光盘应放置在空气洁净的冷、干、暗的环境中，相对湿度变化范围为 20%～50%，温度变化范围为 4℃～20℃。禁止将光盘暴露在高温、高湿环境或温、湿度迅变的环境中。

2. 遵守防磁要求

存放电子档案磁性载体时，应注意屏蔽磁场干扰。磁性载体档案与磁场源（永久磁铁、马达、变压器等）之间的距离不得少于 76 毫米；可使用软磁物质（软铁、镍铁合金等）构成容器、箱柜，对磁场进行屏蔽；磁性载体档案如装入有磁屏蔽的容器中，应距容器内壁至少26毫米；使用无屏蔽的容器运输时，磁性载体档案距容器外壁至少76毫米；不得将任何磁性材料及其制品（包括磁化杯、保健磁铁、磁铁图钉等）带入库房；在存有重要档案的库区，应设置测磁设备，以查出隐蔽的磁场。

3. 注意避光

档案库室内照度不小于50勒克斯（离地面垂直距离0.25米处），工作室照度不小于200勒克斯（离地面垂直距离0.75米处）。紫外光强度不大于75毫瓦/流明。照明光源宜选用不含紫外光的节能冷光源。不允许紫外线直接照射磁性载体档案。禁止将电子档案磁性载体或光盘长时间暴露在日光或紫外光下。

4. 注意清洁管理

不要用手直接触摸磁带、磁盘、光盘等载体，应戴非棉制手套操作；不要使磁带、磁盘、光盘等载体接触不清洁表面，如地面、桌面等；装具应洁净无尘；库房地面不应打蜡、铺地毯；吸尘器的排出气应通向专用容器或库房外；库房中禁止使用打印机；控制好风压，让库房保持为正压，减少灰尘对环境的污染，库房中应无腐蚀性气体，并保证通风良好。

5. 注意防水与防火

库房内的设备要避免水淹，磁带（软磁盘）架最低一层搁板应高于地面30厘米以上。

库房及装具应使用耐火材料，库房内及附近不得有易燃物品；库房内严禁出现明火；库房中应备有CO_2型灭火器；库房物品如纸张、木材、洗涤液等应尽量少，并且应摆放整齐，不能有路障；对重要档案应专柜存放。

（二）放置要求

磁带、磁盘和光盘等载体应放入相应的磁带、磁盘和光盘盒中，且垂直放置或一盘盘悬挂放置。

（三）电子档案载体的维护保养

擦拭光盘去除光盘上灰尘、异物、污斑、指纹和液体，应使用干净的棉布从光盘的中心沿半径方向朝光盘的外缘擦拭，禁止沿光盘的圆周方向擦拭光盘。使用3级水清洁光盘，对实在难以清洁的，可使用稀释的异丙醇。用无绒布或擦镜纸做湿的擦洗和拭干。

应定期保养及维护档案磁带、磁盘，并应建立磁性载体档案检测、保养卡，包括：

清洁。要保证磁带机、软盘驱动器、清洗机的清洁，除要定期清洗磁带外，当发现运行磁带、磁盘有碎片脱落时，应立即对全系统进行清洗，磁带盘、磁带盒清洗溶剂可选用二氯二氟甲烷、异丙醇、甲醇等，并在通风良好的环境中操作。

倒带。在温度为18℃ ±1℃、相对湿度为40% ±5% 的环境中贮存的磁带，建议倒带间隔为 3.5 年。如果不能保持上述温、湿度范围，倒带间隔应视保存环境不同相应缩短。倒带速度要慢，张力要恒定，保持 1.7 ～ 2.2 牛顿，倒带后，磁带要保持在标准的读 /写（录 /放）状态。

检查及修复。磁带、磁盘外观检查、计算机磁带漏码 /误差检查及受损磁带、磁盘修复。遭受高温、水泡的磁带，应及时处理。

复制。对磁性载体每满 2 年、光盘每满 4 年进行一次抽样机读检验，抽样率不低于 10%，如发现问题应及时采取恢复措施。对磁性载体上的电子档案信息，应每 4 年转存一次，原载体同时保留时间不少于 4 年。每年对大型磁性载体档案按 3% 的比例随机抽样读检，如发现有永久误差，则应对整套磁性载体档案重新检查，对发生永久误差的磁性载体档案进行复制，极重要磁性载体档案的复制周期由单位自定。

第八章 智慧档案馆建设

第一节 智慧档案馆建设概述

一、智慧档案馆的概念

智慧档案馆是基于物联网、云计算等新技术构建的智能管理多元化档案资源、具有感知与处置档案信息能力并提供档案信息泛在服务的新型虚拟档案馆。智慧档案馆的管理对象为多元化的档案资源。多元化的档案资源包括馆藏传统档案和新型档案的内容信息与载体信息，如原生的电子档案、档案数字化成果、档案目录数据库、档案载体信息库等；包括档案馆采取各类技术手段管理档案资源的档案管理信息，如档案馆楼宇智慧管理信息等。其中，仅涉及第一类信息的智慧档案馆，我们可以称之为狭义智慧档案馆，涉及全部信息的档案馆则可称为广义智慧档案馆。

与目前的数字档案馆相比，智慧档案馆的服务范围将因使用移动服务技术而更为广泛。采用有线宽带技术和无线宽带技术，使智慧档案馆成为宽带档案馆和无线档案馆，在档案馆内将实现档案信息感知与服务的泛在化；并通过三网融合的互联网、第五代移动通信（5G）网络等服务平台，实现城乡档案信息利用服务的全覆盖。

智慧档案馆能够在数字档案馆的基础之上，通过各类采集终端和各类有线、无线宽带网络技术，实现物联网、互联网和移动互联网等网络互联，随时采集环境信息、物体动态信息，增强智慧档案馆信息获取、实时反馈和随时随地智能服务的能力，充分发掘数字档案的资源优势，运用新的信息技术和通信技术手段感知、分析、整合档案资源和档案馆运行的信息，从而对于包括档案收集、管理、利用、存储、监督等活动在内的各种需求做出智能响应和智慧支持，为档案馆中物与物、人与物、人与人的全面互联、互通、互动提供了基础条件，为档案管理和信息开发创造更美好的前景。

智慧档案馆不仅是档案资源管理与开发的平台，也是智慧城市的重要组成部分，在智慧城市体系建设中发挥极为广泛的作用。如对社会事业与公共服务信息化而言，智慧档案馆以市民和社会组织需求为导向，发挥多元化档案信息资源的服务作用，建立广覆盖、多途径、多样化的档案信息服务体系，让市民和社会组织享受到档案信息化带来的智慧服务和个性化服务。

二、智慧档案馆的基本特征

专家学者对智慧档案馆概念的分析，使我们对智慧档案馆是什么有了清晰的了解。智慧档案馆具有区别于其他类型档案馆的明显特征，国家“863”主题项目“智慧城市总体方案”课题组提交的研究材料里提到智慧城市的三个特征：全面感知、系统协同、智慧处理。智慧档案馆是在智慧城市理念基础上提出的，智慧档案馆的建设是在智慧城市总体建设的框架之下进行的。智慧档案馆的某些特征，应与智慧城市的某些特征保持一致。结合档案馆发展过程中新加入的技术和管理中的新思维、新模式，凸显了智慧档案馆的七大新特征，即全方位感知、立体互联、无限泛在、可持续发展和以人为本、更深入的智能洞察、更高效的协同管理。

（一）全方位感知

智慧是生物所具有的基于神经器官的一种高级的综合能力，包含有感知、知识、记忆、理解等多种能力。在“智慧”的定义中感知能力排在第一位，是档案馆工作拟人化的首要特征。时间变化、冷暖交替等环境的变化对我们人类来说是习以为常的，因为人类拥有强大的感知器官，如眼睛、鼻子、耳朵、皮肤等能够感知到环境、时间、空间等多种复杂的变化。数字档案馆核心技术是数据处理，智慧档案馆的核心技术是感知技术，感知是智慧管理的第一要求。各种感知技术支持下的通过连接到物联网的智能手机、平板电脑、射频识别装置、红外感应器、GPS等智能终端和传感设备是智慧档案馆物联网的神经末梢，智慧档案馆的感知和人类的感知类似，但是，比人类的感知范围更广泛、更加理性、更加精确，可以感知不同的层面，并且可以用数据化的方式进行展现或传递。

1. 对档案馆硬件环境的感知

对档案馆环境状况的感知，主要通过楼宇智能管理技术实现，以智能化监测、评价和处置档案管理状态。档案库房内的温湿度直接影响档案的自然寿命，档案库房有一个统一的温湿度标准，温度14℃～24℃，45%～60%相对湿度，这就需要智慧温湿度自动控制系统能够利用温度感应器感应馆内温度变化，将这一温度传达给智慧中枢系统，中枢系统通过与预先输入的温度指令对比，自觉判断是否应当进行降温或者升温。智慧防灾系统会在出现险情时，立刻通过分子感应器分析判断险情种类，如遇火灾则根据种类选择开启防火门、喷头降水降温等不同的初级控制措施，并在第一时间自动联系火警报警、向档案馆智慧中枢控制系统的专员报告，快速分析出最佳逃生路线，通过馆内语音系统和显示屏引导馆内所有人员逃生；如遇水暖管路破损漏水或馆舍遭雨水侵袭则向档案馆智慧中枢控制系统的专员报告，由专员做出应急预案。通过对光线的感知适时调整档案馆的灯光亮度。

2. 对档案馆的全面感知

物联网是智慧型档案馆的技术基础。利用物联网实现内部及外部信息交换，构成一个基于物联网的通信智慧系统。通过物联网实现档案工作人员与档案、档案与用户、档案与馆舍、档案与设备、工作人员与用户、用户与用户，无所不在、无时不在的沟通与感知。

通过物联网，不仅感知档案馆内的局部或部分信息，而是将“感知”的全面覆盖，全面汲取档案馆内各个角落中的有用信息，对档案馆中存在的人与物进行全面的和深度的感知，将档案馆建筑、档案实体、档案信息、档案人员、档案设备、档案用户等联系起来，将碎片信息感知集中于一体，进行信息交换和通信，实现对档案实体、档案信息内容以及档案管理信息的感知，并进行智慧化的整合和衔接，从而实现对信息的全面利用。智慧档案馆可以做到全方位感知，通过 RFID 技术感知读者和档案实体的位置，通过图像采集和轨迹追踪分析读者的行为，通过体感技术感知读者的精细行为乃至心理变化状态，进而精准地判断读者的需求，为档案馆提供精准服务。目前，已经有很多档案馆利用以 RFID 技术为代表的智能感知技术实现了档案实体的盘点、查找、定位、顺架、分拣等一系列基础性工作。而精准服务更是只有在智能系统的帮助下才能实现。

通过管理策略和相应的技术手段，档案内容、档案管理信息与互联网联系起来，进行信息交换和通信，实现对档案实体的感知、档案内容信息的感知、档案管理信息的感知，即感知档案、感知信息、感知管理，以智能化识别、定位、跟踪、监控和管理档案实体；对档案内容的感知，主要通过智能化的数据挖掘技术实现，以智能化识别、抽取、整合和应用档案信息。

此外，档案馆作为国家最为重要的、保存社会原始记录的重地，不仅承担着“维护历史的真实面貌”的职责，同时还需要“为现实的社会主义现代化建设和历史的长远需要服务”。这就要求，档案馆要开阔视野，摒弃以我为大的思维。除了对馆内展开全面深入的感知之外，档案馆还应对全社会的信息有所感知，并能满足全社会建设发展的需要，真正在馆内及全社会中，实现档案工作者与档案、档案利用者与档案、档案与档案、档案与馆、馆与馆、馆与全社会等全面深度的感知。智慧技术和智慧管理已经成为新的发展趋势。档案馆应跟紧技术发展的新趋势，研究智慧档案馆的发展理念、工作目标和实现路径，开展智慧档案馆建设，为档案馆事业的持续发展创造条件。

（二）立体互联

相比传统档案馆而言，智慧档案馆已经更多地融入了现代科技的元素，比如温湿度自动控制系统、档案管理系统、电子监控系统和有线及无线网络系统等，智慧档案馆的硬件设施得到了很大的改善，并且设备、系统、资源和人员之间建立了充分的立体互联，互联是智慧档案馆的核心要素。智慧档案馆的互通互联包括三个层面：

1. 单个档案馆内部的互通互联

单个档案馆内部的互通互联属于初级层面的互通互联，指的是档案馆内各馆室之间的互联，打破馆内各部门之间现有的模块化管理模式，档案馆工作人员在内部互联的基础上形成一个整体。单个档案馆互通互联既有物理环境下的互通互联，也有通过互联网实现的互联，是物与人、物与物、人与人之间的互联。有了全方位感知的信息和模式，还应进一步网络化才能使之发挥更大的功效，这里的网络化涉及有线网络、移动互联网、物联网等，全方位的网络化才能实现全方位、立体的互联互通。物理环境下的互通互联是档案之间的互联、部门之间的互联、楼层之间的互联、计算机之间的互联、数据库之间的互联、各感知元件之间的互联等；虚拟环境下的互通互联是档案馆馆员与档案用户之间的互联、人机交互的互联互通等。在档案馆内的立体互联、协同共享，实现的是档案实体、档案信息、档案管理环境的一体化管理和交互式管理。

智慧档案馆的智慧性依赖于档案馆智慧中枢系统的支持，档案馆智慧中枢系统能够将馆内各类设备、档案、信息单元、馆员、用户等通过物联网联系起来。智慧中枢系统作为使档案馆具有智慧性的核心组件，通过预先设定好的计算机指令指挥馆内各系统工作，实质上是具有人工智能的 CPU 处理设备，能够对来自所有设备、系统的实时数据进行集中处理并加以关联，从而实现档案馆对这些要素的智能感知。

2. 档案馆之间的互通互联

档案馆之间的互通互联是在单个档案馆内部互通互联的基础之上的更高层面的信息共享，馆际的立体互联、协同共享，实现的是档案馆在档案服务方面的升级与理念的转变，使档案利用者可以把单个档案馆作为“切入口”，进而进入互联的所有档案馆形成的大的整体中去，获取所有互联体中的档案馆的共享信息。档案馆之间的互通互联打造的是泛在的承载网络，将各种采集信息和控制信息进行实时准确的传递，实现人与档、人与人、档与档的互联互通，让用户可以不受时空限制利用任何方式获取档案馆服务，真正成为用户身边的档案馆，最大限度地呈现信息和服务获取的便捷性。

3. 档案馆与其他部门的互通互联

档案馆与其他部门的互通互联是最高层级的互通互联，档案馆在行业内部实现互通互联的基础上、在融合互联网和物联网等信息网络的基础上，与其他机构之间实现跨行业的互联，进而了解到整个社会的全貌，真正地实现信息共享的本质追求。从本质上看，档案、档案馆、档案工作者、档案利用者、社会其他部门作为互通互联的主体，他们之间的无障碍对接是利用互联网、物联网实现更大范围的信息资源深度共享，实现用户最大范围的信息获取。

（三）无限泛在

建设智慧档案馆目的是消除信息壁垒、信息孤岛，实现全面立体的联通和协同共享，形成档案服务的无限泛在。将全方位感知到的信息，以及立体互联所共享的信息，利用互联网、广播电视网或电信网等渠道，提供给档案利用者，形成一个任何时间、任何地点、任何人都能获取到档案信息的无限泛在模式，实现档案的利用功能在利用渠道和角度上的全方位覆盖。这里的泛在，指的并不是实体档案馆和档案工作人员的随处可见，而是档案服务的随处进行，是将档案利用工作的便捷性、随时性全交给利用者，满足利用者对档案的利用需求。

档案的利用需求千差万别，档案利用者对于档案的了解程度也参差不齐，其中一部分利用者可独立完成对档案的利用，另一部分则需要依赖于档案工作人员的协助。这就要求，智慧档案馆的无限泛在，不仅是将复杂的、多样的档案利用工作，整合为几个简单、可行的方案，同时还要求具备和满足个性化的互动，切实地帮助利用者去利用档案。无限泛在分为时间上、空间上、方式上的泛在。

1. 时间上的泛在

档案馆作为政府职能部门，作为高校、企业其他单位的信息中心，需要承担为公众提供档案服务的重要职能。传统物理实体档案馆在固定的时间范围内向公众提供服务，超过这个时间公众对档案的利用需求就不能得到满足。但是，公众对档案利用时间不是固定的，这就造成了档案馆难以满足人们随时利用档案的需求。档案馆数字化、网络化建设的全面开展为智慧档案馆建设打下了坚实的基础，智慧档案馆可以为广大利用者提供全天候的档案利用服务。档案利用者，可以通过互联网在电脑、手机等设备上随时获取到所需的档案信息。智慧档案馆在时间上的泛在利用功能，是档案馆服务和管理方面在时间上的泛在。

2. 空间上的泛在

档案馆在何地可以提供利用，是档案服务在空间上的限制。传统上，用户利用档案指的就是前往具体的档案馆检索、查阅利用档案。传统的档案馆是一个空间上具体位置的存在，智慧档案馆的服务利用工作，在空间上已经进行了无限的扩展。因特网把地球上所有能够联网的档案馆融为一个整体，借助因特网，档案利用者可以在任何一个地方通过网络登录档案馆网站查找所需信息，在任何地点都可以利用到所需的档案信息。智慧档案馆在空间上无限泛在的特征，颠覆了陈旧、固化的空间观念。

泛在利用功能将传统意义上，发生在档案馆内的管理概念，无论是时间上还是空间上，都延展到了档案馆外。使原本以档案馆对外开放时间、以档案馆的物理位置为逻辑点的管理和服务模式发生了变革，不仅让利用者可以随时随地的利用到相关服务，同时，档案馆这样虚拟的泛在，为档案人员和档案利用工作带来了新的思考。

3. 方式上的泛在

传统档案馆提供服务的模式是开展馆内打印、复印、借阅、开设档案展览等，受时间、空间、形式、个性等因素的限制，已经无法满足新时代用户对档案服务的需求。互联网技术特别是移动互联网技术带来了档案馆服务时间、空间上的全覆盖，为使用者带来了方便快捷的服务体验和服务效益，带来了使用者自主选择的自由、平等与互动。

档案馆自助服务是智慧档案馆服务方式泛在的一种体现。这种方式随着其他行业自助服务的不断普及不断地出现在档案服务领域，是指用户通过企业或第三方建立的网络平台或终端，实现对相关产品的自定义处理。通过自助服务用户能自行解决大部分简单的问题；用户可跟踪了解自已所申请事件的处理情况，同时可对每次请求做出满意度反馈。

智慧档案馆的发展，正处于各种新媒介不断涌现的背景之下。近年来不仅网站、出版等媒体数量激增，还出现了博客、微博、微信、手机客户端等各种媒介形式。全媒体时代到来，全媒体不断发展，出现了全程媒体、全息媒体、全员媒体、全效媒体，信息无处不在、无所不及、无人不用，导致舆论生态、媒体格局、传播方式发生深刻变化，新闻舆论工作面临新的挑战。我们要因势而谋、应势而动、顺势而为，加快推动媒体融合发展，使主流媒体具有强大传播力、引导力、影响力、公信力。从“纸媒时代”到“微博微信”再到“视频、H 5、V R 全景、网络、电信、卫星通信……”为智慧档案馆通过各种渠道开展档案利用服务提供了可能，体现了智慧档案馆在利用方式上的泛在性。全媒体指的是，“媒介信息传播采用文字、声音、影像、动画、网页等多种媒体表现手段（多媒体），利用广播、电视、音像、电影、出版、报纸、杂志、网站等不同媒介形态（业务融合），通过融合的广电网络、电信网络以及互联网络进行传播三网融合，最终实现用户以电视、电脑、手机等多种终端均可完成信息的融合接收（三屏合一），实现任何人、任何时间、任何地点、以任何终端获得任何想要的信息”。从定义中，我们不难看出，全媒体并不意味着对传统媒介的排斥，反而是新旧媒介的极大融合。智慧档案馆从全媒体的视角开展档案利用工作，同样也不是为了摒弃传统的档案利用模式而是在融合传统的模式之上，扩展新的渠道，使得更多的公众可以更方便、更快捷地利用到档案，是对已有的档案利用服务的补充和完善。在媒介的使用上，档案馆已经利用了很多媒介，智能手机通过移动互联网可以利用档案馆的几乎所有功能，如查阅、检索、网上借阅等一系列的功能。

（四）可持续发展

世界环境与发展委员会出版《我们共同的未来》报告，将可持续发展定义为“既能满足当代人的需要，又不对后代人满足其需要的能力构成危害的发展”，系统阐述了可持续发展的思想。中国政府在《中国 21 世纪人口、资源、环境与发展白皮书》中，首次把可持续发展战略纳入我国经济和社会发展的长远规划。智慧档案馆深度感知的特性，表明的是智慧档案馆能够感知档案信息、感知档案用户、感知档案馆的整体运转情况。智慧档案馆的深度感知有助于实现建筑内设备、资源利用的环保、绿色与安全，与档案馆自身之外的所有事物实现环境友好的可持续发展。各个档案馆之间的信息壁垒的打破、信息的广泛共享使得拥有信息再生能力的智慧档案馆，有了更广阔的档案信息来源，从而能可持续地为人民和社会提供档案服务。

智慧档案馆是一个“开放”的有机体，收集档案的类别极大地扩展，不断融入各种先进技术、管理模式，不断产生着新的信息。同时，对公民共享档案权限的开放，公民自主和互动式的服务和管理模式，为公民源源不断地参与到档案工作中来提供了可能，体现了开放创新、大众创新、协同创新的特征，为档案馆的资源宝库提供了持续发展的机会。也正由此，提高了公众对档案工作的理解、重视甚至是监督。这无疑对我国档案工作的进一步发展，提供了源源不绝的动力，也是我国档案事业可以不断发展、进步、提升的源泉。

（五）以人为本

以人为本是与以物为本相对应的发展观，是科学发展观的核心，体现了中国共产党全心全意为人民服务的根本宗旨。以人为本，不仅主张人是发展的根本目的，回答了为什么发展、发展“为了谁”的问题；而且主张人是发展的根本动力，回答了怎样发展、发展“依靠谁”的问题。“为了谁”和“依靠谁”是分不开的。人是发展的根本目的，也是发展的根本动力，一切为了人，一切依靠人，二者的统一构成以人为本的完整内容。

智慧城市建设的突出特点就是强调以人为本，核心是运用创新科技手段服务于广大城市居民，让市民融入智慧城市的建设之中，共同塑造一个开放的创新空间。智慧城市建设的各项工作要立足于满足群众工作和生活的需要，让人民群众生活得更方便、更舒心、更幸福，这是智慧城市建设的基本出发点。无论是运用怎样先进的科学技术，或是城市内各部门间如何协同合作，智慧城市的根本立足点是为了让人们生活得更便捷和舒适，智慧城市建设的本质落脚点是人，体现了以人为本的精神。智慧档案馆概念源自智慧城市的概念。智慧档案馆的建设，也是在智慧城市总体建设的框架之下摸索前行的。与智慧城市相同，智慧档案馆的建设也注重从公众的角度出发，通过社交网络手段加强用户的参与度，汇集公众的集体智慧，实现以人为本的可持续发展。因此，智慧档案馆建设应与智慧城市建设一样要以人为本，以人为本，高效服务是智慧档案馆的灵魂。智慧档案馆所展现的其他特征，也都是紧紧围绕智慧档案馆建设中的人（档案管理者和档案利用者）的因素而凸显的特征。智慧档案馆最重要的特征之一是全方位感知，感知的对象包括档案实体、档案内容、档案馆建筑、档案用户等，档案馆工作人员不用亲自查看所感知的所有情况，从一定意义上来说，档案馆工作人员能一定程度上从具体的、重复的工作中解放出来，将工作重心投入更有价值的工作之中去，提高了档案馆工作人员的效率，提高了档案馆用户的满意度；智慧档案馆的立体互联和无限泛在特征为档案利用者带来了巨大的便利。立体互联使馆际、档案馆与其他部门之间连为一个整体，档案利用者可以从一点切入查找所有所需档案信息；档案服务在时间、空间、方式上的泛在，让档案利用者可以足不出户、全天候就能查找到所需要的档案信息。可持续发展特征，是站在更高更远的全人类的视角上，让档案馆变成一个绿色、环保、持续发展的部门，体现的是更高层级的“以人为本”。

智慧档案馆的这些特征之间，一定程度上可以说是递进的关系。全方位感知是基础，立体互联是全方位感知后的发展。二者同属于技术背景支撑，而感知又是互联的依托，它们可以使智慧档案馆更智慧、更高效地运行。而无限泛在则是落脚点，是因为无论档案馆模式如何推陈出新，其根本宗旨仍是为了更便利地进行管理和服务。再者，作为一个开放式的档案馆发展新模式，作为国家一个持久的、重要的职能部门，可持续发展档案工作、档案事业是最终目标。最后，上述四个特征都是紧紧围绕智慧档案馆的“以人为本”而来的，并以此作为核心出发点，指导了智慧档案馆的理论建设和实践发展。小到馆内具体技术的选择、软件的编辑、管理系统的使用，大到档案馆总体规划、发展、建设，皆以不违反“以人为本”的落脚点为根本原则。从档案馆的层面来看，在智慧档案馆的体系中，档案馆可以分析用户查询利用档案的数据，分析用户的信息需求，从而为用户提供个性化的服务，引领档案馆管理服务的创新升级。从用户的层面来看，基于智慧档案馆的公共服务平台，用户利用智能终端设备经由互联网便捷地获取所需的档案信息资源、接受档案咨询服务，创新了档案馆管理与服务的新形态。

（六）更深入的智能洞察

智慧档案馆的智慧体现在检索的快速性、定位的准确性、知识咨询以及解答的及时性上，是没有档案馆工作人员参与的情况下，档案馆自身能够保证馆内各项系统的运行，实现自我管理，工作人员负责监督。智慧档案馆需要洞察用户的信息需求，当用户进行检索时通过智慧检索设备能够对用户的检索结果进行分析，将检索的最终结果以摘要或者综述的形式呈现给用户，可以根据用户的需求将检索结果进行相关度分析，并通过可视化分析将关系结构图展示给用户，提供信息的深度挖掘。档案馆重视用户体验，可以设置用户评价系统对档案馆的服务进行打分评价，将用户反馈的建议纳入数据库中，计算机智慧中枢系统根据需求随时将用户反馈信息整理、分析，形成辅助决策报告书，呈现给档案馆工作人员及决策者，以便于智慧档案馆的决策更加具有针对性、精准性。通过对这些相关信息的串联存储以及分析，可以大大提高决策结果的精准度，使智慧档案馆成为主动的“有感官的有机体”。

（七）更高效的协同管理

随着智能技术的采用，档案馆不仅可以实现本馆内部要素之间更好的协同，还可以实现行业协同、地区协同、国家协同、全球协同等，使资源由分散趋向集约、由异构趋向统一，克服资源在布局上各自为政、分散管理和重复建设的弊端，提高档案馆的服务效率，并且协同所须花费的时间、精力、物力成本等都将大幅压缩，协同服务的质量大大提高。不过，这些协同都是建立在更好的感知、广泛的互联互通和更深入的智能洞察基础之上的。IBM 提出“智慧地球”概念，包括三个维度：第一，能够更透彻地感应和度量世界的本质与变化；第二，促进世界更全面地互联互通；第三，在上述基础上，所有事物、流程、运行方式都将实现更深入的智能化。那么根据智慧地球的维度概念，智慧档案馆应该具有全面感知馆内的所有组成部分；档案馆与用户实现全面的互联互通；档案馆的所有组成部分、运作流程、运行方式实现智能化。智慧档案馆的主要特点是无处不在的网络环境、无所不包的海量数据环境与共享以及无所不容的业务管理和服务模式。

第二节 智慧档案馆的建设架构

智慧档案馆的建设架构的搭建既要以传统实体档案馆和数字档案馆为基础，又要在自动化、系统化、智能化、人性化等方面扩展其功能。一方面，智慧档案馆的建设与发展需要深化应用物联网、云计算、移动互联网、大数据等不断深化的新技术，丰富和整合档案资源，再造档案信息流通渠道，使档案馆具有感知化、自动化、智能化的智慧能力；另一方面，利用信息技术和互联网技术构建的智慧档案馆系统将逐渐突破其实体档案馆的组织边界、自给自足的 IT 基础设施和档案资源分层分级的管理模式，形成跨实体档案馆乃至跨区域的协同工作组织和档案资源一体化集约管理与服务模式，它的档案资源形态、技术系统架构、业务管理流程和信息服务模式将随着内外部信息环境的变化而不断地调整和优化。

智慧档案馆的建设架构的搭建体现了全面透彻的感知、互动协同的互联、智能融合的应用和以人为本的创新等特征。感知层通过 RFID、BAS 接口、数据库检测等技术，实现档案实体、档案内容、档案管理等多方面综合感知，对感知数据进行融合、分析和处理；数据层通过智能融合技术、数据库技术、云计算技术等对海量档案数据进行格式转换、安全存储和智能存取；平台层是在网络联通的基础上，充分考虑档案业务中各个环节、单位和系统之间的协同工作机制和工作模式，实现档案资源的集约管理和全面整合；应用层是利用各种检索平台和服务系统来满足社会公众的多样化需求，提供档案信息的集成服务和智慧启迪。

一、感知层

智慧档案馆架构由感知层、通信层、存储层、应用层构成。感知层是智慧档案馆建设的基础，是智慧档案馆整个技术体系的起点，它通过物联网技术、射频识别技术、互联网技术获取相关数据，是建设智慧档案馆的第一层，通常包括声音影像监控终端、传感器终端、档案管理系统、射频识别终端等。感知层将收集到的数据转化成数据库的数据，为智慧档案馆建设奠定坚实的数据基础。

二、通信层

通信层即数据传输层，它是智慧档案馆的神经网络，将感知层收集到的数据利用网络通信技术传送到数据存储层，数据传输主要通过因特网、物联网、内部局域网、移动通信网等传播手段传输数据。通信层所需要的物联网技术发挥作用需要相应的信号接收设备以及图像声音采集设备，在该层级上需要在档案文件中配备射频识别终端，在信号传播时需要采用传感器，而针对档案存放地区的监控则需要部署多媒体监控设备，如视频监控和感应设备等。此外，传感和射频信息的接收也需要相应的设备提供支持。

通信层负责智慧档案馆中信息的传递和处理。通过感知层所采集到的档案信息和相关数据需要网络进行传输，而不同的信息则需要不同的网络形式提供支持。对档案馆管理人员来说，档案管理的信息需要内部局域网进行发送从而了解其工作状况；对于档案馆用户而言，对档案的使用和存取信息则可能需要移动通信网络将其及时地发送到用户的移动智能设备以方便随时随地了解档案的动态；而在档案管理的安全方面则需要广电网络对监控的声像提供技术支持。此外，在信息处理方面，泛在的、多层级网络的搭建使得数据能够通过不同的方式传递到档案馆的服务器中，通过云计算和大数据等相关技术能够对档案的调度、使用、内容更新等信息进行跟踪和分析，在此过程中形成的数据对于优化档案管理，提出相应决策来说是大有裨益的。

三、存储层

存储层是智慧档案馆建设中的第三层，它将通过感知层获取的大数据经由通信层存储到相应的存储器中，以备日后的分析和应用。在存储层中，智慧档案馆获取的数据被重新分类和整理。存储层是整个智慧档案馆处理流程的中转层，是数据处理的过渡。存储层是一个主要的数据资源库，感知层获取的数据经过数据通信层的传送，最后保存在数据存储层的数据库中。

四、应用层

应用层是智慧档案馆建设的主体，经过感知层、通信层、存储层处理的数据信息只有应用到智慧档案的服务中去，智慧档案馆的作用才能发挥出来。应用层主要包括档案检索、档案阅读平台和档案检索中心等。智慧档案馆的功能是对档案信息资源的保管和利用。通过基于物联网技术的感知，智慧档案馆具备了比数字档案馆更加智能的功能。智慧档案馆通过物联网技术能够感知的信息资源主要有以下几个方面：首先是档案的内容，即电子档案和各行业业务流程中归档形成的数据通过数据挖掘进行再次整合和利用；其次是档案的管理信息资源，即通过智能楼宇构建自动的监测档案管理的状态，并根据情况对管理进行适当的调整；最后是档案的实体，即通过射频识别技术等对纸质档案等存在实体形式的档案进行扫描、定位和监控等。

让档案馆“智慧”起来，关键在于突破数字档案馆档案信息收管存用的理念、范围和模式，建立集“资源多元、全面感知、综合处置、双模存储、泛在应用”于一体的档案及档案馆管理与运营综合支撑平台。档案资源是智慧档案馆的信息基础。智慧档案馆的信息资源主要由以下内容构成：由原生电子档案、档案数字化成果、经济社会运行及管理信息的归档数据库等构成的档案内容信息资源，由档案目录、档案索引等构成的档案管理信息资源，基于RFID技术（射频识别技术）的档案实体信息资源，由媒体信息、网站信息、非物质文化信息等构成的城乡记忆资源，由用户信息、档案利用信息、档案数据挖掘信息等构成的档案应用信息资源，由供电信息、温湿度信息、安保信息等构成的档案馆楼宇管理信息资源。这些资源既可以让用户感知和获取档案内容信息，满足利用需求，也可以让管理者感知和获取档案管理信息，协同处理档案业务工作。

第三节 智慧档案馆建设的基本原则

一、需求导向，以人为本

智慧档案馆的建设要坚持以档案馆用户需求为导向，立足用户档案需求和个性化服务的需要、党政机关和企事业单位的档案业务与咨询需求，发挥档案信息化对科学高效配置档案信息资源的支撑和服务功能，切实增强智慧档案馆建设带来的便捷、高效、智慧、创新的感受度，让智慧档案馆的建设成果不仅能惠及档案馆、政府机构，更要普惠到广大普通公众。

科学发展观的核心是以人为本，要始终把实现好、维护好、发展好最广大人民的根本利益作为党和国家一切工作的出发点和落脚点。因此，智慧档案馆的建设要遵循“以人为本”的理念，把贴近公众、服务社会作为智慧档案馆的基点，把公众能用、会用、善用作为智慧技术应用于档案工作的基本要求，不断缩小不同社会群体间的“数字鸿沟”。坚持以人为本，为民提供高效服务，在“为党管档、为国守史”的基础之上，切实做到“为民服务”的目标。

二、机制创新，共建共享

智慧档案馆建设需要破解信息孤岛现象，逐步实现档案馆内部各部门之间、不同档案馆之间、档案馆与其他机构之间的资源共建与共享。旧的管理机制需要不断地改革、创新以适应不断变化的用户对档案馆的信息需求，所需要的组织、制度、标准等的建设和创新也要持续进行。

智慧档案馆的建设依托于相关制度体系和标准体系的制定。智慧档案馆的建设要整合通信网络基础设施，规范档案数据标准体系，建立健全馆室之间的档案管理平台和档案公共服务平台；综合协调，推进管辖范围内跨地区档案馆信息资源的纵向集成与跨部门档案信息资源的横向集成，切实推动档案信息化协同应用，让档案信息资源在不同部门、不同地区的系统中自由流通，真正实现档案信息资源的共建共享。

三、统筹规划，稳步推进

智慧档案馆是数字档案馆的升级，其建设应在数字档案馆建设的基础之上进行统筹规划，注重系统工程，根据各地政府智慧政务的整体框架和基本要求，及时将智慧档案馆建设与地区智慧政务相对接，综合考量，确定总体布局和阶段安排，使智慧档案馆的建设能够成为一个系统，综合集成资源，达到效果最佳化，让档案收集、档案管理、档案利用等各个环节高度智慧化。

对智慧档案馆的建设要重视前期调研，开展可行性研究，基于工作实际，提出创新性高、应用性强的功能需求，确保智慧档案馆系统开发和项目建设的合理性、适用性、科学性。在智慧档案馆建设过程中，档案馆工作人员要全程跟进，发现问题解决问题。如有需要，还应按照信息系统建设规范要求，引入监理机制，对智慧档案馆项目的建设进度、安全措施、质量保障等进行全范围全过程监理。

四、因地制宜，重点突出

在数字档案馆建设阶段，各地的数字档案馆建设极为不平衡，因此，在数字档案馆建设基础上进行的智慧档案馆建设也必须根据各地的不同情况开展。尽管建设智慧档案馆是一件利国利民的好事，但是不能不顾前期基础和建设的大环境而盲目启动。需要结合当地的经济发展水平、地理区位条件、信息化基础和实际需求等情况，做好智慧档案馆项目的前期论证、调研，切勿贪大求全、重复建设。

在智慧档案馆的建设过程中，各地应充分分析自身特色、确定建设重点，找准突破口，注重实效。如果在档案的收集上难度较大，则应注重档案智慧收集建设；如果在档案馆的监控方面需要加强，则应注重档案馆智慧监控建设；如果在提供档案利用上供不应求，则应注重档案馆的智慧服务。在重点、难点解决的基础上，逐步推进，实现新一代信息技术在档案管理各环节的深入应用，打造具有当地特色的智慧档案馆应用模式。

五、可管可控，强化安全

档案实体及内容的安全无论是在传统、数字、智慧档案馆阶段都是档案馆的核心工作之一，安全是所有其他部分工作的基础和大前提。在智慧档案馆建设过程中，档案、档案馆的安全更是重中之重。对于安全问题，应从两个角度来看：一是在管理和技术两个层面确保智慧档案馆可管可控；二是注重智慧档案馆中的智慧监控建设来强化档案信息安全。

在档案馆管理和技术的安全措施上，应强化网络和信息安全管理，落实责任制，加强管理人员安全培训，落实档案信息安全等级保护制度，健全网络和信息安全标准体系，加大依法管理网络和保护个人信息的力度，注重“政务云”“档案云”的建设与管理，加强档案馆核心管理系统的建设，采取相应的安全保障技术方法，配备必要的软硬件设施，完善档案备份灾难恢复服务机制，确保档案的真实、完整、可用与安全。

在智慧档案馆的智慧监控建设上，智慧档案馆采用物联网、云计算和大数据分析技术，对档案馆实现全面监控，对档案进行电子化识别，确保档案不出现非正常移动，一旦档案没有经过正常调用程序离开自己的位置，那么智慧管理系统将报警提示管理人员。此外，智慧档案管理系统可以利用门禁系统及计算机管理系统监控档案馆相关管理人员，以最大限度降低人为因素对档案信息安全产生的风险。

六、融入智慧城市建设

城市化迅猛发展带来的智慧城市建设成为当今城市发展的热点，国家相关部委与当地政府纷纷支持智慧城市建设，加强对智慧城市的资金投入、技术支撑，各地档案馆开展智慧档案馆建设应融入智慧城市建设，一方面，可以获得智慧城市建设中的专项资金支持；另一方面，可以借用智慧城市之智慧政务的部分基础设施，如智慧城市建设的物联网、云计算、大数据等。智慧档案馆融入智慧城市可以借助智慧城市建设充足的资金保障，可以有效地解决智慧档案馆建设的资金困难。再者，智慧档案馆融入智慧城市建设，档案信息化与城市化发展协同发展，亦可推动档案管理服务的创新，特别是在档案信息资源为城市发展提供数据服务与公众个性化服务的层面。

参考文献

[1]杨阳.高校档案管理信息化建设[M].长春:吉林文史出版社,2019.

[2]李晖.国防特色高校档案管理与信息化建设[M].哈尔滨:哈尔滨工程大学出版社,2019.

[3]张蓉.现代管理科学方法在档案工作中的应用实践[M].南昌:江西科学技术出版社,2019.

[4]杨振力.智慧档案馆建设[M].北京:中国戏剧出版社,2019.

[5]刘思洋,赵子叶.文书管理学与档案管理[M].长春:吉林科学技术出版社,2019.

[6]李晓婷.人事档案管理实务[M].第2版.上海:复旦大学出版社,2019.

[7]金虹.干部人事档案管理实务[M].杭州:浙江工商大学出版社,2019.

[8]黄兆红.信息时代下的高校档案管理[M].延吉:延边大学出版社,2019.

[9]许秀.高校档案管理与信息化建设研究[M].哈尔滨:哈尔滨工业大学出版社,2019.

[10]西仁娜依·玉素辅江.高校教学档案管理理论研究与实践[M].长春:吉林人民出版社,2019.

[11]罗琼.高校档案规范化管理探析[M].延吉:延边大学出版社,2019.

[12]范杰,魏相君,敖青泉.信息化视角下高校教学档案的建设与管理[M].长春:东北师范大学出版社,2019.

[13]黄富才.现代档案管理之窗[M].北京:中国商业出版社,2019.

[14]钟鑫,崔满城,狄悦.人力资源与档案管理[M].长春:吉林文史出版社,2019.

[15]刘健美.档案管理理论与实践[M].长春:吉林文史出版社,2019.

[16]纪玲.档案管理理论与信息化技术应用[M].北京:北京工业大学出版社,2018.

[17]左婷婷.高校档案公共服务与信息化管理[M].长春:吉林出版集团股份有限公司,2018.

[18]周文泓.Web2.0环境中参与式的信息档案化管理:走向全景档案世界[M].杭州:浙江大学出版社,2018.

[19]杨学锋.现代化档案管理与服务研究[M].北京:中国商务出版社,2018.

[20]朱春巧.信息化时代下高校档案管理创新研究[M].长春:东北师范大学出版社,2018.

[21]刘雪,杨晓玲.大学生电子健康档案与智慧医疗[M].北京:冶金工业出版社,2018.

[22]吴良勤,付琼芝.信息工作与档案管理[M].第2版.武汉:华中科技大学出版社,2017.

[23]李鹤飞,李宏坤,袁素娟.高校图书情报与档案信息管理[M].北京:经济日报出版社,2017.

[24]贾玮娜.档案管理系统的设计与实现[M].长春:吉林文史出版社,2017.

[25]李东红 .新时代背景下的档案管理与创新 [M].北京 :经济日报出版社 ,2017.

[26]丰斓 ,李文国，徐香坤 .管理信息系统教程 [M].北京 :北京理工大学出版社 ,2017.

[27]王建华 ,程正兴 .信息技术应用基础 [M].北京 :科学技术文献出版社 ,2017.

[28]金波 ,张大伟 .档案信息化建设 [M].上海 :上海教育出版社 ,2016.

[29]孙璐, 陈秀丽, 刘建巍 .高校图书情报与档案信息管理 [M].北京 :光明日报出版社 ,2016.

[30]连红 .高校院系档案集成管理模式创新研究 [M].杭州 :浙江工商大学出版社 ,2016.